역사는 이해하는 공부

원고를 마무리하다 보니 아이가 초등학교 3학년 때의 일이 문득 떠오릅니다. 여느 때보다 서둘러 현관문을 열고 들어온 아이는 배고프다는 말 대신 대뜸 아슐리안형 주먹 도끼를 아느냐고 물었어요.
"뭐? 애슐리 식당 말하는 거니…?"
당황스러워하는 나의 말에 아이는 숨도 제대로 쉬지 않은 채 사회 시간에 들었던 석기 시대 이야기를 자랑스럽게 펼쳐 놓았지요. 지금은 훌쩍 자라서 그때 일을 기억도 하지 못하지만 나는 아이가 역사를 알아가는 모습이 흐뭇하기만 했답니다.

'초등 역사 공부, 어떻게 시켜야 할까?'
아마 이 문제로 고민해 보지 않은 학부모는 없으리라 생각됩니다. 많은 사람들이 역사를 암기로 생각하지만 사실 역사는 암기가 아니라 이해하는 학문입니다. 당시 사회상을 이해하고 사관을 파악할 때 역사의 물음에 답할 수 있거든요. 따라서 꾸준히 조금씩이라도 공부하는 것이 중요합니다. 그러기 위해서는 전래 동화, 신화, 설화 등 재미있는 이야기로 아이들이 관심과 흥미를 이어 나갈 수 있게 해야 합니다.
또 주요 사건을 인물의 삶과 연결해 이해하는 것도 방법입니다. 초등학교 고학년이라면 역사적 인과 관계를 파악할 수 있도록, 연표로 만들어 보게 하는 것도 좋지요. 연표는 시간 흐름에 따라 역사적 사실을 체계화하는 작업이므로 역사의 전체 흐름을 파악하는 데 좋습니다.

물론 가장 이상적인 역사 공부법은, 역사가 일어난 현장에서 전문가의 설명을 듣는 것입니다. 저 역시 코로나 팬데믹 전에는 아이와 함께 역사 현장을 누비며 책으로 읽은 역사를 온몸으로 체험하게 했지요. 그런데 그럴 때마다 아이가 힘들어 한 것은 '역사 용어'였습니다.

역사는 옛이야기지만 전하는 글은 모두 한자 말이기 때문이죠. 한자를 익힌 아이라도 역사 용어를 이해하는 것은 쉽지 않습니다. 역사 용어를 무턱대고 외웠던 세대에게는 역사가 암기 과목일 수 있습니다. 하지만 역사 용어가 의미하는 바를 제대로 이해한다면, 역사가 토론으로 이어져야 하는 과학임을 알게 될 것입니다.

《역사퍼즐》은 초등학생과 중학생이 알아야 할 역사 용어를 퍼즐로 구성한 책입니다. 쉬운 문제와 어려운 문제가 고루 섞여 있고 고대부터 근현대까지의 역사 용어를 두루 다루고 있습니다. 너무 어렵지 않도록 문제를 읽다 보면 다른 문제의 답을 알 수 있는 힌트도 넣어놓았습니다. 아이들뿐 아니라 부모님도 함께 풀어 보면 더욱 좋습니다.

또 중간중간에 역사 속의 흥미로운 이야기들도 소개해 역사 공부의
재미를 느끼도록 했습니다.
가족끼리 모여 역사에 대한 이야기도 나누고 역사퍼즐도 풀면서
서로의 사랑을 확인하는 좋은 시간이 되기를 바랍니다.

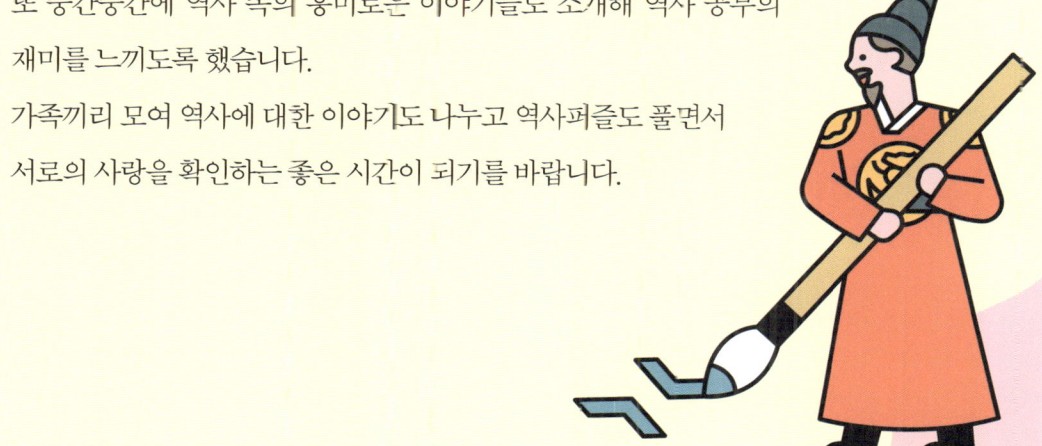

가로 열쇠

1. 고구려 말기의 장군이자 재상이에요. 대막리지 자리까지 올라 큰 권력을 누렸어요.
3. 조선 후기 의주에서 중국과 무역하던 상인이에요.
5. 호가 소파이며, '어린이날'을 만들었어요.
7. 조선 시대 숙종이 여러 당파로 권력을 교체하며 왕권을 강화한 정치 행태예요.
8. 신라의 승려로, 신라가 몰락하자 후고구려를 세웠어요.
11. 조선 후기 최석정이 마테오 리치의 지도를 모사해 만든 세계 지도예요.

세로 열쇠

1. 조선 후기 이긍익이 조선 시대의 정치·사회·문화를 정리한 역사서예요.
2. 당나라 장군으로, 신라와 연합해 백제를 무너뜨렸어요.
4. 고려 인종 때 법령이나 규범들을 수집해 편찬한 예법에 관한 책이에요.
6. 발해가 멸망한 뒤 부흥 운동으로 탄생한 나라예요.
9. 기원전 2세기경부터 494년까지 북만주에 있었던 고대 국가예요.
10. 제2차 세계 대전 이후 미국과 소련의 정치적 대립을 'Cold War'라고 불러요.

가로 열쇠

1 임진왜란 때 이순신 장군이 전사한 전투예요.
4 '꽃처럼 아름다운 청소년들'이라는 뜻으로, 신라 청소년들의 몸과 마음을 수련시키기 위해 만든 단체예요.
5 조선 시대 고종이 상인들을 보호하기 위해 보부상들을 내세워 조직한 단체예요.
6 후렴구가 '얄리얄리얄라성 얄라리얄라'인 고려 가요 〈○○별곡〉이에요.
7 조선 시대 특별 사법 관청으로, 역모 등을 일으킨 중죄인을 다스렸어요.
9 태조 이성계가 실시한 억불 정책으로, 승려에게 신분 증명서를 주는 제도예요.
10 한말 정치가로 1905년 을사늑약이 체결되자 자결하며 일제에 항거했어요.

세로 열쇠

1 조선 시대 단종이 수양 대군에게 쫓겨나며 이것으로 강등되었어요.
2 바다 동쪽에 흥성한 나라라는 뜻으로, 발해를 일컬어요.
3 호가 삼봉이며, 이성계를 도와 조선을 개국했어요.
4 신라 시대 진골 이상의 귀족이 모여 국가 중대사를 만장일치제로 결정한 회의예요.
5 고려 말기 이성계가 지금의 전북 남원에서 왜구를 크게 무찌른 전투예요.
8 국왕 호위와 수도를 방어하기 위해 조선 후기에 설치된 군영이에요.

🗝 가로 열쇠

1 한 씨족의 계통과 관계를 기록한 책이에요.
5 고려 시대 개경에 설치된 국립 대학이에요.
6 백제 온조왕이 한강을 둘러보고 이곳을 도읍으로 정했어요.
8 1907년 안창호를 중심으로 한 개화자강파가 국권 회복을 목적으로 조직한 비밀 결사예요.
9 조선 시대 최고의 행정 관청이에요.
10 양인과 구별되는 낮은 신분 계층이에요.
11 중국 남북조 시대 양나라에 온 외국 사신들을 그린 그림으로 우리 조상들도 등장해요.
13 고려 무신 정권기에 최충헌이 세운 최고 권력 기구예요.

🗝 세로 열쇠

2 동학 농민군은 '나라를 구하고 백성을 편안하게 한다'는 의미로 이 말을 외쳤어요.
3 조선 시대 지방 행정 구역인 '현'을 다스렸어요.
4 발해와 고려의 중앙 정부 기구예요.
7 천민 출신으로, 고려 무신 정변기에 정권을 잡았지만 최충헌에게 살해되었어요.
8 1871년 미국이 제너럴셔먼호 사건을 빌미로 강화도를 공격한 사건이에요.
10 1905년 손병희가 동학을 바탕으로 창시한 종교예요.
12 두만강 유역의 비옥한 땅으로, 19세기 중엽 이후 한민족이 건너가 개간했어요.

	1	2		3			4
		5				6	
					7		
8					9		
			10				
11						12	
			13				

🔑 가로 열쇠

1 조선 시대에 백성들을 감시하기 위해 다섯 집을 1통으로 하고, 5통을 1리로 하여 만든 법이에요. 부역, 납세, 징용 등을 소홀히 하면 모두에게 책임을 물었어요.
4 고구려 동명성왕의 둘째 아들로, 백제를 건국한 왕이에요.
6 삼한 시대에 천신에게 제사를 지내던 성스러운 곳이에요.
7 조선 시대에 정약용이 무거운 돌을 들어 올릴 수 있게 만든 것으로, 수원 화성 건축에 사용했어요.
9 1906년 북간도 용정에 세워진 학교로, 1908년에 명동 학교가 되었어요.
10 통일 신라 시대에 최치원이 지은 시문집이에요.

🔑 세로 열쇠

1 1948년 5월 10일 제헌 국회를 세우기 위해 실시한 국회 의원 총선거예요.
2 신라 제23대 왕으로, 불교를 공인하고 율령을 반포해 왕권을 강화했어요.
3 고려 시대 묘청이 북진 정책을 앞세워 서경(평양성)으로 수도를 옮기자고 했어요.
5 고려 말기 위화도 회군으로 정권을 잡은 이성계가 신진 사대부와 함께 세운 나라예요.
6 조선 중종 때 주세붕이 설립한 우리나라 최초의 서원이에요.
8 조선 초기에 군사, 왕명 출납을 담당한 중앙 관청을 말해요.
9 지금의 평양 지역으로, 고구려의 마지막 수도예요.

1					2		3
		4	5				
					6		
7	8						
			9				
10							

13

가로 열쇠

1. 일본 총독의 암살을 계획했으며, 혈서로 '한국독립원'을 작성한 여성 독립 운동가예요.
4. 조선 시대에 광해군이 농민의 부담을 줄이고, 국가의 재원을 확충하기 위해 공물을 쌀로 바치게 한 제도예요.
5. 신라 시대 골품 제도의 가장 높은 신분으로, 왕족 중에서도 일부만 해당되어요.
7. 통일 신라 시대 사신들이 당나라에 갈 때 이용한 배 이름이에요.
9. 고구려를 견제하기 위해 신라와 백제가 맺은 동맹이에요.
10. 알에서 태어난 주몽이 고구려를 세우고 ○○왕이 되었어요.

세로 열쇠

1. 경기도 광주에 있는 산성으로, 통일 신라 때 세워져 조선 시대 때 한양을 지켰어요.
2. 조선 중종 때 조광조의 건의로 학문과 덕행이 뛰어난 인재를 왕이 직접 선발한 제도예요.
3. 1898년 서울 명동에 세워진 우리나라를 대표하는 천주교 성당이에요.
6. 신라의 신분 제도로, 혈통에 따라 사회 생활 범위를 규정했어요.
7. 농민의 아들로, 후백제를 세워 통일 신라, 후고구려와 함께 후삼국 시대를 열었어요.
8. 분황사, 첨성대, 황룡사 9층탑 등을 건립한 신라 최초의 여왕이에요.

1		2			3	
			4			
5	6			7		8
9						
				10		

구석기인의 맥가이버칼, 주먹 도끼

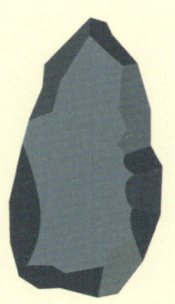

구석기인들은 돌을 깨뜨려 만든 뗀석기를 사용했어요. 뗀석기에는 여러 종류가 있지만 손에 쥐고 사용하는 주먹 도끼는 주머니 속에 넣고 다니는 맥가이버칼처럼 다양한 기능이 있었어요. 망치 같은 부분으로는 짐승을 사냥하고, 뾰족한 부분으로는 땅을 파고, 날카로운 면으로는 짐승의 가죽을 벗길 수 있었지요.

그런데 동아시아에서는 1970년대까지 아슐리안형 주먹 도끼가 발견되지 않았어요. 아슐리안형 주먹 도끼는 프랑스 생 아슐 지방에서 처음 발견된 것으로, 손으로 잡을 수 있는 크기의 돌 한쪽을 둥글게 떼어 내 손잡이나 망치로 사용했어요. 또 반대쪽은 뾰족하게 날을 세워 땅을 파거나 찍을 때에도 사용했어요. 날카롭게 떼어 낸 옆면은 무언가를 자를 수 있었지요. 이런 기능 때문에 주먹 도끼는 구석기인들의 기술이 집약된 만능 도구로 여겨졌어요. 이 때

문에 서구의 고고학자들은 동아시아가 다른 지역에 비해 석기 제작 기술이 발달하지 않았다고 평가했지요.

하지만 1977년 주한 미군 그레그 보웬이 한탄강에서 낯설게 생긴 돌을 발견했어요. 대학교 때 고고학을 공부한 보웬은 프랑스의 보르드 교수에게 아슐리안형 주먹 도끼가 아닌지 물어보았어요. 보웬이 보았을 때 그 돌은 영락없는 주먹 도끼였거든요. 얼마 지나지 않아 보르드 교수는 아슐리안형 주먹 도끼가 맞다고 답을 주었어요. 전 세계의 고고학자들은 동아시아 구석기인들도 높은 석기 제작 기술을 가졌고, 다양한 석기를 만들며 신석기 시대로 발전했다고 인정했어요. 이후 경기도 연천 전곡리 선사 유적지는 세계의 관심을 받게 되었어요.

가로 열쇠

1. 고려 공민왕이 말을 타고 활을 쏘면서 짐승을 쫓는 장면을 그린 그림이에요.
3. 고려·조선 시대에 지방 행정을 처리하던 하급 관리를 말해요.
4. 고려 시대에 국가의 중요 정책을 결정하는 기관으로, 후기에는 도평의사사로 개편되었어요.
7. 조선 시대에 효종이 친명배금 정책을 계승하기 위해 추진했던 정책이에요.
8. 고려·조선 시대에 우리나라와 중국 해안을 약탈한 일본 해적을 말해요.
9. 고려 시대의 도병마사가 기원이며, '도당'이라고도 했어요.

세로 열쇠

1. 고구려가 당나라의 침입에 대비하여 지금의 요동 지역에 쌓은 성이에요.
2. 조선 시대에 이종무가 세종의 명을 받아 왜구의 소굴을 공격했어요.
5. 이승만 정부의 3·15 부정 선거를 규탄하며 전국적으로 일어난 반독재 민주화 투쟁이에요.
6. 예성강 하류에 있었던 고려 시대 국제 항구예요.
7. 조선 후기 실학자 박제가가 청나라를 둘러보고 기록한 책이에요.

가로 열쇠

1. 조선 말기에 갑오개혁을 추진하기 위해 만든 초정부적인 정책 결정 기구예요.
4. 한국적 산수화풍을 만든 조선 초기 화가로 〈몽유도원도〉를 그렸어요.
5. '해동서성'으로 불리는 통일 신라의 서예가예요. 어려서부터 글을 잘 써서, 예서·행서·초서에 따를 사람이 없었다고 해요.
6. 고구려의 거문고 달인이에요. 이 사람이 연주하면 검은 학이 날아와 춤을 추었다고 해요.
9. 중국의 농민 반란군으로, 머리에 붉은 수건을 둘러서 붙여진 이름이에요. 이들은 고려 공민왕 때 우리나라를 침입해 서경을 점령하기도 했어요.
11. 삼국 시대에 지금의 울릉도에 있었던 작은 나라예요.
12. 돌을 갈고 다듬어 만든 도구로, '마제 석기'라고도 해요.

세로 열쇠

2. 고려 시대에 이규보가 술을 의인화해서 쓴 책이에요.
3. 백제의 제25대 왕으로, 이 왕의 무덤이 충남 공주에서 발견되었어요.
4. 1910년 11월 안중근의 사촌 동생 안명근이 황해도 안악에서 서간도에 무관 학교를 세우기 위한 자금을 모집하다가 일제에 검거된 사건이에요.
7. 신라 초기에 왕을 부르던 말이에요.
8. 조선 시대에 만들어진 세계 최초의 강우량 측정 기구예요.
9. 조선 후기 정조에게 신임을 받으며 최초로 세도 정치를 한 사람이에요.
10. 러시아 볼셰비키 혁명 이후 공산당 정부가 1917년 만든 군대예요. 이들은 독립군에게 군사적 도움을 주기도 했어요.

1	**2**		**3**			
					4	
5			**6**			
7		**8**		**9**		**10**
		11				
12						

가로 열쇠

1. 고려 말기 이성계가 명나라의 요동을 공격하려다 압록강 위화도에서 군사를 돌려 우왕을 폐위시키고 정권을 잡은 사건이에요.
4. 고려·조선 시대에 지금의 개성을 중심으로 뛰어난 장사 기술로 크게 흥한 상인 집단이에요. '개성상인'라고도 불러요.
5. 조선 문종의 뒤를 이어 왕이 되었다가 삼촌인 수양 대군에게 왕위를 빼앗겼어요.
7. 신라의 제29대 왕으로, 백제군을 격파하고 삼국 통일의 기반을 마련했어요.
9. 고려 시대의 국자감이 조선 시대에는 이것으로 바뀌었어요. 지금의 국립 대학과 같아요.
12. 일제 강점기에 일제가 조선 사람의 이름을 강제로 일본식으로 고치게 한 것을 말해요.

세로 열쇠

2. 모든 것이 서로 연관되어 조화를 이룬다는 율법으로, 신라의 의상이 당에서 들여와 전파했어요.
3. 당나라에 건너가 불교의 화엄을 공부하고, 부석사를 세운 승려예요.
4. 조선 시대에 서인과 노론을 이끈 성리학자예요.
5. 신라 진흥왕이 고구려 땅을 점령하고 지금의 단양에 세운 비석이에요.
6. 조선 세종은 이 사람에게 1419년 왜구의 소굴인 대마도를 정벌하라고 했어요.
8. 학식이 높은 백제의 학자로, 일본에 《논어》와 《천자문》을 전해 주었어요.
10. 신라의 화랑으로, 황산벌 전투에서 활약했어요.
11. 임진왜란 때 진주성이 함락되자 적장을 껴안고 남강에 뛰어들어 죽었어요.

1	2					3
					4	
5			6			
		7				8
9		10		11		
		12				

🗝 가로 열쇠

1. 충남 서산 가야산 절벽에 새겨진 백제 시대 불상이에요. 태양빛에 따라 미소가 변해요.
3. 조선 세종 때 만들어진 야외용 천체 관측 기구예요.
5. 조선 시대에 정약용이 지방 수령이 지켜야 할 덕목을 기록한 책이에요.
7. 백제의 마지막 왕으로, 나당 연합군에 패해 백제의 멸망을 맞았어요.
10. 조선 시대 4대 화가인 김홍도의 호예요.
12. 백제 부흥을 위해 바다를 건너온 왜와 백제 부흥군이 지금의 금강에서 나당 연합군과 싸웠지만 크게 패한 전투예요.

🗝 세로 열쇠

1. 신라의 마지막 왕인 경순왕이 나라를 고려에 넘기자, 따르지 않고 금강산에 들어가 베옷(마의)을 입고 풀뿌리를 먹으며 생을 마감한 신라의 왕자(태자)예요.
2. 신라의 위홍과 대구 화상이 진성 여왕의 명령으로 편찬한 향가집이에요.
4. 통일 신라의 서라벌에 주둔하면서 수도 방위를 하던 9개의 부대를 말해요.
6. 우리 민족의 삶을 그린 서민적인 그림이에요.
7. 김원봉이 조직한 독립 운동 단체로, 중국 상하이에서 일제에 무력 항쟁을 펼쳤어요.
8. 조선 말기 흥선 대원군이 경복궁 중건을 위해 주조한 화폐예요.
9. 조선 후기에 토지를 함께 소유하고 경작해 수확량을 나누자는, 정약용의 주장이에요.
11. 임진왜란 당시 이순신 장군의 라이벌로, 칠천량 해전에서 패배하며 조선을 풍전등화의 위기에 빠뜨렸어요.

🗝 가로 열쇠

1 조선 시대 세종은 여진족을 물리치고, 국경 경계를 강화하며 이것을 설치했어요.
3 1883년 우리나라에서 처음으로 발행한 한국 최초의 근대적 신문이에요.
6 1916년 박중빈이 만든 새로운 불교예요. 우주의 근본 원리인 일원상을 신앙의 대상과 수행의 표본으로 삼았어요.
8 나당 전쟁에서 승리하고 삼국을 통일한 신라의 왕이에요.
10 4 이하는 버리고 5 이상은 10으로 처리하는 반올림이에요. 이승만 시절 장기 독재 틀을 마련하기 위해 이 방법으로 헌법 개정안을 통과시켰어요. ○○○○ 개헌이라고 해요.
13 일제는 임오군란의 피해 보상을 요구하며 조선에 불평등한 이 조약을 요구했어요.

🗝 세로 열쇠

1 조선 시대에 사헌부·홍문관과 함께 삼사로 불리며 임금에게 간언하는 기관이에요.
2 삼한 중 하나로, 한반도 중부 이남에 있었어요.
4 사육신의 한 사람으로, 훈민정음 창제에 공을 세웠어요.
5 고구려의 마지막 왕이에요.
7 '부처님의 나라'라는 뜻의 이름을 가진 절로, 석가탑과 다보탑이 있어요.
9 매년 음력 10월에 동예에서 열리던 제천 행사예요.
10 좁은 의미로는 문반과 무반이며, 넓은 의미로는 고려와 조선 시대 지배층을 말해요.
11 조선 세종 때 일본인들이 오갈 수 있도록 허락한 세 곳의 포구예요.
12 조선 시대 지방 향촌의 자치 규약으로, 서로 도우며 살자는 약속이에요.

역사를 기술하는 방법

역사란 과거에 일어난 일이에요. 하지만 그것만이 전부는 아니지요. 사람은 지나간 일은 잊어버리거나 잘못 기억하기 쉬워요. 따라서 과거의 일을 기록하는 것, 그것이 바로 역사예요. 역사를 기록하는 방법은 기전체, 편년체, 기사본말체, 강목체 등으로 나누어져요.

기전체

기전체는 인물이나 왕조를 중심으로 기술한 역사예요. 《삼국사기》를 살펴보면 고구려, 백제, 신라 중심으로 삼국의 역사를 기록해서 왕조의 흐름을 한눈에 파악할 수 있어요.

편년체

편년체는 시간을 중심으로 기술한 역사예요. 시간의 흐름에 따라 사건들을 기록하는 것으로, 일기를 생각하면 돼요. 대표적인 것이 조선의 각 왕대 사건들을 시간 흐름에 따라 기술한 《조선왕조실록》이에요.

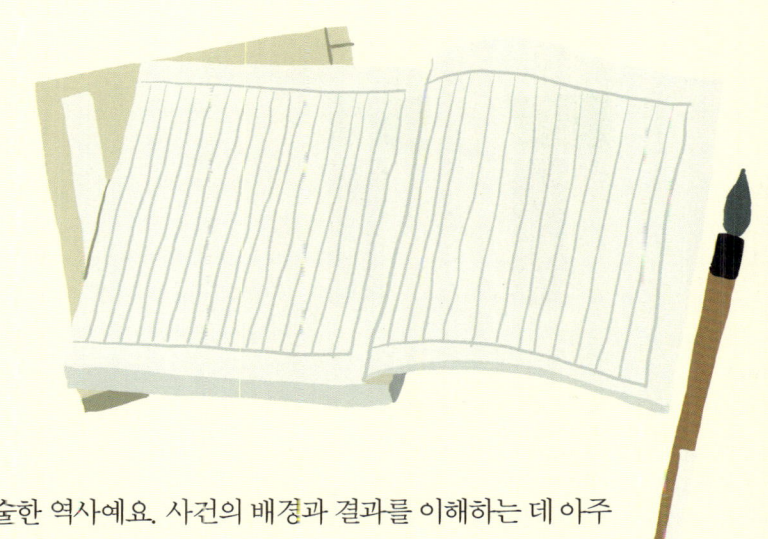

기사본말체
기사본말체는 사건을 중심으로 기술한 역사예요. 사건의 배경과 결과를 이해하는 데 아주 좋아요. 대표적인 것이 《연려실기술》이에요.

강목체
강목체는 범위 중심으로 기술한 역사예요. 우선 넓은 범위를 설명한 후에 세부적인 것을 기록하는 것으로, 《동사강목》이 대표적인 책이에요.

기전체는 인물이나 왕조에 대해 자세히 알 수 있지만 다른 사건들과의 연관성을 파악하기는 어려워요. 편년체는 역사의 흐름을 쉽게 파악할 수 있지만 종합적인 판단을 내리기가 어렵다는 단점이 있지요. 이러한 이유로 사건의 발생 원인과 영향을 파악할 수 있는 기사본말체가 등장한 것이랍니다.

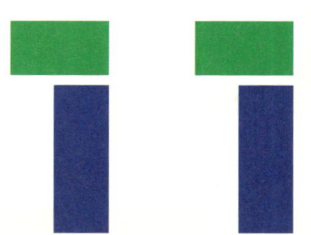

🔑 가로 열쇠

1. 1907년 일제에 진 빚을 전 국민의 모금으로 갚자는 국권 회복 운동이에요.
3. 고려 시대에 관리들에게 농경지인 전지와 땔감 등을 구할 수 있는 시지를 지급한 토지 제도예요.
5. 조선 시대에 16세 이상의 남자에게 발급한 신분증을 말해요.
7. 조선 시대 삼사 중 하나로, 문서를 관리하고 왕을 자문하던 관청이에요.
8. 조선 말기에 개화 문물을 시찰하려고 일본에 보낸 외교 사절이에요.
10. 고려 말기에 최무선은 이 기관이 설치되자 화약과 화포 제조를 담당했어요.

🔑 세로 열쇠

1. 한정된 지역에서 일어나는 전쟁을 말해요. 한국전쟁을 다룬 영화 〈고지전〉도 ○○○ 이에요. 비슷한 말로 국부전이 있어요.
2. 조선 침략을 주장하던 일본은 1875년 일본 군함 ○○○로 강화도를 공격했어요.
4. 1972년 10월 17일 박정희의 장기 집권을 위하여 단행한 초헌법적인 비상조치를 말해요.
6. 이화학당 학생으로 천안 아우네 3·1만세 운동 때 앞장선 독립 운동가예요.
7. 봉오동 전투에서 독립군을 승리로 이끈 장군이에요.
8. 고려·조선 시대에 고을을 다스리는 지방관을 말해요.
9. 조선 시대에 선비들이 반대파에 몰려 정치적으로 탄압을 받은 사건을 말해요.

1				**2**			
3	**4**			**5**			
							6
					7		
8		**9**					
		10					

12

🗝 가로 열쇠

1. 일제 강점기에 일본군에게 강제로 끌려간 우리나라 여성을 이르는 말이에요. 일본의 사과를 받기 위해 수요일마다 집회를 열고 있어요.
3. 대외 교역 시장인 개시에는 동래 왜관, 압록강 중강, 함경도 경원과 ○○이 있었어요.
4. 조선 시대에 김종직이 단종의 왕위를 빼앗은 세조를 비판하려고 지은 추모 글이에요.
8. 고려 시대 천민 거주지 중 하나로 망이·망소이가 민란을 일으킨 곳이에요.
9. 《계원필경》을 쓴 통일 신라의 문장가로, 당나라에서도 이름이 높았어요.
11. 이회영의 형으로, 신흥 무관 학교가 세워지는 데 큰 역할을 했으며, 대한민국 초대 부통령이에요.

🗝 세로 열쇠

1. 대한 제국 때 고종 퇴위와 을사늑약 체결을 지지한 친일 단체예요.
2. 연나라 위만이 고조선 준왕을 몰아내고 세운 나라예요.
5. 고대에서 종교와 정치 권력이 분리되지 않은 정치 체제를 ○○○○ 사회라고 해요.
6. 명나라 왕양명이 성리학에 반대하며 주창한 학문이에요.
7. 고려 무신 정변기에 차별을 없애 달라며 지금의 충남 공주 부근인 명학소에서 천민들이 일으킨 민란이에요. 망이·○○○의 난이라고 해요.
9. '황금 보기를 돌같이 하라'는 가르침을 준 고려 말기 명장이에요.
10. 조선 시대 현령을 부르는 말로, '○○ 덕에 나발 분다'는 속담이 있어요.

1			2			
3			4		5	
6		7				
8				9		10
		11				

33

🗝 가로 열쇠

1 반제·반봉건 근대화 운동으로, 녹두 장군 전봉준과 동학교도가 일으킨 전쟁이에요.
4 '송도 3절'로 불릴 정도로 예술적 재능이 뛰어났던 조선 시대의 기생이에요.
5 조선 시대 춘궁기에 백성에게 곡식을 빌려주고 추수기에 되받는 구휼 제도예요.
8 율곡 이이의 어머니로 우리나라 5만 원권 지폐의 인물이에요.
10 조선 시대의 근간인 성리학을 비판한 중농주의 실학자예요.
12 고려 무신 정권기에 최우가 자신의 집에 설치해 정무를 수행한 곳이에요.

🗝 세로 열쇠

2 이순신 장군이 한산도 대첩에서 사용한 전법으로, 학이 날개를 펼치는 듯 적의 배를 에워싸는 거예요.
3 12·12 쿠데타로 권력을 잡고, 우리나라 11대 대통령에 당선된 인물이에요.
4 일제가 우리 민족의 얼을 짓밟고, 일왕에게 충성할 것을 강요한 교육 정책이에요.
6 학문을 굽혀 세상에 아첨한다는 뜻으로, 자신의 뜻을 굽히면서까지 세상에 아부하고 출세하려는 태도나 행동을 말해요.
7 특정한 학문적·정치적 입장을 지닌 양반들의 정치 집단으로, 조선 중기 이후에 등장했어요.
9 조선 명종 때 황해도와 평안도에서 탐관오리를 혼내 준 의적이에요.
11 조선 시대 붕당 간의 다툼을 흔히 '○○ 싸움'이라고 해요.

14

🔑 가로 열쇠

1 우리나라에서 현존하는 가장 오래된 역사책으로 고려 때 김부식이 지었어요.
5 조선 시대에 과전법, 직전법 이후에 등장한 토지 분급 제도로 직전세로도 불러요.
6 부여의 지방 지배 구조를 나타내는 말로, 마가·우가·저가·구가 귀족들이 다스리던 것을 말해요.
7 조선 후기에 중국에서 서양 학술 서적과 서양 과학 기술 문물이 이 종교와 함께 들어와 서학으로 이해되었어요.
10 조선 시대에 큰 죄가 드러나면 죽었더라도 무덤에서 시신을 꺼내 참수하던 것을 말해요.
11 고구려의 서민들을 위한 교육 기관이에요.

🔑 세로 열쇠

1 원래 고려 무신 정권기에 최우가 설치한 좌별초·우별초·신의군 등을 이르는 말이었으나, 몽골 침략기에는 몽골과 맞선 무장 세력을 말해요.
2 고려 태조가 중앙의 관리를 고향의 사심관으로 임명해 그 지역을 다스리게 한 제도예요.
3 삼국 시대에 백제가 만든 저수지로, 전북 김제에 있어요.
4 을미사변으로 신변에 위협을 느낀 고종이 러시아 공사관으로 몸을 피한 사건이에요.
6 조선 시대 관리들의 비리를 감찰하는 기구로, 삼사 중 하나예요.
8 일제 강점기에 《대한국어문법》을 펴내며, 일제로부터 우리의 말과 글을 지킨 사람이에요.
9 조선 후기에 정부가 청나라, 일본과 교역하기 위해 연 시장이에요.

1		2				3
				4		
		5				
6				7	8	
			9			
10					11	

15

🗝 가로 열쇠

1. 수나라 군대를 살수에서 크게 물리친 고구려 장군이에요.
4. 조선 후기 서울에 설치된 5군영은 훈련도감·총융청·금위영·어영청·○○○이에요.
5. 퇴계 이황과 토론을 벌인 것으로 유명한 조선의 성리학자예요.
7. 흙으로 빚은 그릇으로, 신석기 시대에는 빗살무늬 ○○가 대표적이에요.
8. 칼 손잡이 끝에 고리가 있는 큰 칼로, 고대 무덤에서 많이 출토되었어요.
10. 대한민국 초대 부통령 이시영의 동생으로, 임시 정부 수립에도 참여했어요. 호가 우당이에요.
12. 혼천의, 자격루 등을 발명한 조선 세종 때의 발명가예요.

🗝 세로 열쇠

1. 고구려 평양성 을밀봉에 지어진 정자예요. 냉면집으로 알고 있으면 창피하겠죠?
2. 고종이 대한 제국을 선포하며 황궁으로 삼았어요. 본래 이름은 경운궁이에요.
3. 청자에 백토를 발라 다시 구운 도자기예요.
5. 조선 숙종 때 정권이 서인에서 남인으로 바뀐 일을 말해요.
6. 도읍을 옮긴다는 말이에요.
7. 1923년 박승희, 김기진 등 일본 유학생들이 중심이 되어 조직한 신극 운동 단체예요.
9. 고구려 유민과 말갈족을 이끌고 발해를 세운 사람이에요.
11. 사도 세자의 아버지로, 붕당 정치의 폐해를 극복하려고 탕평책을 내놓았어요.

	1			2		3
				4		
5						
			6		7	
8		9				
				10		11
	12					

역사 속 흥미롭고 놀라운 이야기

꽃처럼 아름다운 청년들, 화랑도

신라에는 꽃처럼 아름다운 청년들이 있었어요. 바로 '화랑도'예요. 신라 진흥왕은 용모와 품행이 단정한 15~18세 청년들을 모아 화랑도를 조직하고, 산과 바다를 다니며 호연지기를 기르게 했어요. 이들은 유사시에 군사로 활약하며 신라의 국력에 큰 힘이 되었어요.

화랑의 자격

화랑도의 대표는 국선으로, 왕이 임명했어요. 국선 아래에는 여러 화랑이 있고, 화랑은 수백에서 천 명 정도의 낭도를 거느렸어요. 낭도는 평민이나 귀족이면 될 수 있었지만 화랑은 진골 귀족만 될 수 있었어요.

화랑의 약속

화랑이 꼭 지켜야 하는 다섯 가지 약속을 '세속 오계'라고 해요.
사군이충 : 국가에 충성을 다할 것
사친이효 : 부모님께 효도를 다할 것
교우이신 : 믿음으로 친구를 사귈 것

임전무퇴 : 전쟁터에서는 물러나지 말 것
살생유택 : 함부로 살생하지 말 것

역사가 전하는 화랑

진흥왕 때 가야 정복에 공을 세운 사다함은 무관랑과 죽음도 함께하기로 맹세했어요. 어쩌다 무관랑이 병으로 죽자 사다함은 깊은 슬픔에 빠져 있다가 따라 죽으며 신의를 보였어요. 또 신라의 운명을 바꾼 화랑도 있었어요. 바로 황산벌에서 백제의 계백 장군과 맞서 싸운 관창이에요. 관창은 전세가 불리해지자 혼자서 백제 진영으로 달려가 화랑의 임전무퇴 정신을 발휘해 승리의 밑거름이 되었어요. 삼국 통일을 이끈 김유신도 빼놓을 수 없는 대표적인 화랑이지요.

16

🗝 가로 열쇠

1. 1919년 3월 1일 조선 민중이 태극기를 들고 대한 독립 만세를 외친 사건이에요.
4. 일제는 무력에 의한 무단 통치를 했으나, 3·1운동 이후 한민족을 분열시키기 위해 ○○○○를 했어요.
6. 대한 제국 황실의 문장은 ○○문으로, 오얏꽃이에요.
8. 조선 시대 언론을 담당하며 왕권을 견제했던 사헌부·사간원·홍문관을 말해요.
9. 이 정자 밑에서 광해군 폐위를 의논하고 칼을 씻었어요.
11. 원시인이 돌을 가공해서 만든 도구예요.
12. 청나라 황준헌이 제시한 조선의 외교 정책이에요.

🗝 세로 열쇠

1. 우리나라를 비유하는 말 '○○○ 금수강산'
2. 조선 시대에 서거정이 명종의 명을 받아 우리나라의 시문을 모아 엮은 것이에요.
3. 나라를 다스리는 일을 말해요. 본래는 '시민의, 시민을 위한, 시민과 관련된'을 의미하는 그리스어에서 시작되었어요.
5. 조선의 왕이 일본 바쿠후의 쇼군에게 보낸 외교 사절이에요.
7. 통일 신라 시대의 김대문이 화랑들에 대해 적은 글이에요.
10. 사도 세자의 아들로, 학문이 아주 깊은 왕이었어요.
11. 돌로 만든 무덤이에요.
13. 불교는 교종과 ○○으로 나뉘어요.

	1			2			3
				4		5	
6	7						
					8		
	9			10			
11				12	13		

43

17

🗝️ 가로 열쇠

1. 조선 후기 지리 학자인 김정호가 1861년에 만든 우리나라 지도예요.
4. 조선의 지방관들은 쌀 부족을 막기 위해 ○○○으로 쌀이 다른 지방이나 외국으로 나가는 것을 막았어요.
5. 조선 시대 왕의 특명을 받아 암행하며 지방 관리들을 감찰하는 어사를 말해요.
8. 1945년 모스크바 삼상 회의에서 한반도에 대한 이것이 결정되었어요.
10. 조선 시대에 실시된 비정규 시험으로, 왕이 문묘에 가서 제례를 올릴 때 성균관 유생들이 시험을 치러 성적이 좋은 사람을 선발하는 제도예요.
12. 천민들이 모여 사는 지역으로, 농산물 생산을 담당했어요.

🗝️ 세로 열쇠

1. 신라 문무왕이 묻힌 경주 앞바다에 있는 큰 바위예요. 죽은 뒤에도 용이 되어서 왜구를 막겠다는 유언을 남겼어요.
2. 고려 무신 정권기에 경대승이 정중부를 몰아내며 조직한 사병 조직이에요.
3. 조선 단종의 유배지로, 강원도 영월 첩첩산중에 자리 잡고 있어요.
6. ○○○○에서 전투가 벌어졌을 때, 부녀자들이 긴 치마를 줄여 입고 돌을 날라 승리했다는 이야기가 전해져요.
7. 조선 단종의 복위를 시도하다가 죽은 여섯 명의 신하를 말해요.
9. 조선 말기 국가 재정을 맡았던 관청이에요.
11. 조선 시대에 지금의 종로를 중심으로 있었던 상설 시장이에요.

가로 열쇠

1 일본이 제2차 세계 대전 당시 하와이의 ○○○을 공격해 태평양 전쟁이 시작되었어요.
3 고려 시대 과거 제도는 3년마다 실시되며 제술과·○○○·잡과로 나뉘었어요.
5 오랫동안 쌓이고 쌓인 폐단을 말해요. ○○청산.
6 고조선의 법률이에요.
8 조선 시대 왕으로, 조카인 단종을 왕위에서 끌어내리고 임금이 되었어요.
10 일제는 발안 장터 만세 운동에 대한 보복으로, 1919년 4월 15일 경기도 화성 ○○○ ○○ 사건을 벌였어요.
11 고려 시대와 조선 초기에 백성들의 질병을 고치기 위해 설치된 관청이에요.

세로 열쇠

1 조선 전기 유행한 실경 산수화를 이어 조선 후기에 우리나라 산수를 그린 산수화예요.
2 고려 무신 정권기에 최충헌의 노비인 ○○이 반란을 일으키며 신분 해방 운동을 벌였어요.
4 조선 전기의 토지 제도를 말해요.
7 주시경과 그의 제자들이 우리말을 지키기 위해 만든 조직이에요.
9 1897년 고종이 연호를 광무로 하는 ○○ ○○을 선포했어요.

1		2		3		4
		5				
				6	7	
8		9				
		10				
11						

47

19

🗝 가로 열쇠

1. 통일 신라 원성왕 때 만들어진 관리를 뽑는 제도예요.
5. 신라 진흥왕 때의 재상으로, 《국사》를 편찬했어요.
6. 조선 후기 이용후생학파로, 《북학의》를 편찬했어요.
8. 중화 인민 공화국 초대 주석으로, 한국 전쟁 때 적극적으로 군사 개입을 했어요.
11. 훈민정음을 만들어 우리나라의 긍지를 높여 준 조선 시대 왕이에요.
13. 사발을 뒤집어서 그린 원을 따라 참여한 사람의 이름을 적은 통문이에요.

🗝 세로 열쇠

2. 신랑이 신붓집 뒤에 집을 짓고 살다가 자식이 태어나면 이들과 함께 자기 집으로 돌아가는 고구려의 결혼 풍습이에요.
3. 시험을 치러 관리를 등용하는 제도예요.
4. 고려 중기에 《삼국사기》를 편찬한 학자예요.
6. 알에서 태어난 신라의 시조예요.
7. 양반들의 자가용이지요.
9. 백제 때 오경에 능통한 사람에게 주어지는 관직이에요.
10. 독립 협회가 독립 정신을 높이기 위해 1896년에 세운 문이에요.
12. 역대 조선 왕과 왕비의 신주를 모신 곳이에요.

가로 열쇠

1. 현재 세계에서 가장 오래된 금속 활자본인 직지심체요절을 이렇게 불러요.
5. 경상북도 고령에 있는 '○○○ 고분군'은 대표적인 대가야 고분군이에요.
6. 천태종을 개창했어요. 흔히 '대각국사'라고 불러요.
7. 성리학을 완성한 송나라 학자예요. 그의 이름을 따서 주자학이라고도 해요.
9. 신령이나 죽은 혼령에 음식을 바쳐 기원하는 의식이에요.
10. 고구려 동명왕의 아들로, 〈황조가〉를 남겼어요.
11. 고려·조선 시대에 내시부에 속해 궁궐에서 일하는 사람이에요.
13. 신라는 매소성과 ○○○에서 승리해 나당 전쟁을 끝냈어요.

세로 열쇠

2. 광복군 총사령관으로 무장 투쟁을 벌였고, 대한민국 국회 의원이었어요.
3. 일제는 우리나라 토지를 수탈하려고 1910~1918년까지 '○○ ○○ 사업'을 벌였어요.
4. 일제 강점기 일본에서 활동한 독립 운동가이자 〈서시〉를 지은 시인이에요.
6. 조선 세종 때 중국과 인도의 의학서를 참고해 만든 의학 백과사전이에요.
8. 일제의 외교술에 굴복한 소련이 1921년 독립군을 강제로 무장 해제시키고 저항하는 사람들을 무참히 학살한 사건이에요.
9. 고려 후기에 이승휴가 중국과 한국의 역사를 시 형식으로 쓴 역사서예요.
12. ○○ 대첩은 고려 시대에 최무선이 우리나라 최초로 화포를 사용해 왜선 500여 척을 격파한 전쟁이에요.

1	**2**		**3**		**4**	
			5			
6					**7**	**8**
		9				
10					**11**	
				12		
		13				

고려 태조 왕건이 자손에게 남긴 10가지 가르침, 훈요십조

후삼국을 통일한 고려 태조 왕건은 민심을 달래기 위해 세금을 줄이고, 발해 유민들을 따뜻하게 맞으며 민족을 융합했어요. 하지만 그에게는 지방 세력인 호족을 다스려야 하는 큰 숙제가 남아 있었어요. 호족은 왕건이 고려를 세우는 데 큰 도움을 주었지만, 달리 말하면 언제고 다시 그를 공격할 수 있는 두려운 존재이기도 했거든요.

왕건은 호족들의 딸과 혼인해 연합하고, 사심관 제도·기인 제도로 타협하며 왕권을 안정시키려 노력했어요. 그리고 이러한 노력을 〈정계(政誡)〉와 〈계백료서(誡百僚書)〉라는 글로 남겨 신하들에게 정치적 도의를 지킬 것을 당부했어요. 후손들에게도 〈훈요십조(訓要十條)〉를 남기며 국가를 잘 꾸려 나갈 것을 당부했어요.

<훈요십조>

1. 고려의 대업은 부처님의 호위에 힘입은 것이니, 선종과 교종 사원을 창건할 것
2. 사원 창설은 지덕(地德)이 손상되지 않도록 하고, 도선(道詵)의 설에 따라 지은 절을 제외하고 함부로 창건하지 말 것
3. 왕위 계승은 적자·적손을 원칙으로 할 것

4. 거란과 같은 야만국 풍속을 본받지 말 것
5. 서경은 수덕(水德)이 순조로운 곳이니, 이를 중시하여 나라의 안녕을 이룰 것
6. 연등회와 팔관회를 잘 지켜 거행할 것
7. 간언을 받아들이고 참소를 멀리하며, 세금을 가볍게 하여 민심을 얻을 것
8. 차현(차령산맥) 이남, 공주강(금강) 밖의 인물은 조정에 등용하지 말 것
9. 관리의 녹은 그 직무에 따라 정하되, 함부로 증감하지 말 것
10. 경사(經史)를 널리 읽어 옛일을 거울로 삼을 것

21

🗝 가로 열쇠

1. 당나라에 있던 신라 사신의 숙소예요.
5. 조선 초기에 서민들의 질병 치료를 맡았던 의료 기관을 말해요.
6. 송나라의 주희가 유학을 집대성한 것이에요.
8. 조선 시대에 왕실이 사용한 의례용 도장이에요.
9. 1895년에 위생과 편의를 위해 남자들의 상투를 자르게 한 칙령이에요.
11. 500년 역사를 지닌 고성 이씨 대종택으로, 독립 운동가 이상룡의 생가예요.
12. 궁예가 세운 나라 이름이에요.

🗝 세로 열쇠

1. 일본의 근대화를 배우기 위해 조선이 파견한 사절단이에요.
2. 백제는 나제 동맹을 깨뜨리고 한강을 차지한 신라를 공격했으나, ○○○에서 패하며 성왕도 죽고 말았어요.
3. 조선 시대 예문관과 홍문관의 최고 책임자예요.
4. 고려 성종 때 만든 최초의 화폐예요.
7. 고종의 특사로 헤이그에 파견되어 을사늑약의 무효를 세계에 알리며 순국했어요.
8. 조선 후기 서울에 설치된 오군영 중에서 왕을 호위한 군영이에요.
10. 조선 후기에 유득공이 쓴 책으로, 발해는 부여·고구려로 이어진 우리 역사라는 것을 밝혔어요.

22

🗝 가로 열쇠

1. 울릉도 동남쪽에 있는 대한민국 고유의 영토예요.
4. 이순신 장군이 임진왜란 7년 동안 쓴 일기예요.
6. 고려 시대 3성 중 하나로 백관을 관할한 중앙 관청이에요.
8. 조선 시대에 서민들에게 곡식을 빌려주기 위해 지방에서 설치한 기관이에요.
9. 조선이 근대화를 이루기 위해 설치한 기구예요.
11. 앞선 황제의 부인이며, 현재 황제의 어머니를 이르는 말이에요.
12. 고구려 사람들이 먹었던 숯불 고기구이예요.

🗝 세로 열쇠

2. 조선 시대에 그림과 관련된 일을 처리하기 위해 설치된 관청이에요.
3. 고려 의종 때 문신들이 무신들을 괄시하자 난을 일으켜 무인 정권 시대를 연 사람이에요.
5. 조선 말기에 영선사가 청나라를 시찰하고 돌아와 세운 신식 무기 공장이에요.
6. 조선 인조·숙종 때 발행되어 조선 말기까지 사용한 엽전이에요.
7. 대한 제국의 연호예요.
8. 유교 교리에 어긋나는 사상이나 행동을 공격하는 말이었는데, 조선 후기에는 노론이 상대를 정치적으로 탄압하는 수단이 되었어요.
10. 이 사람은 고려 여인 기씨로, 원나라에 공녀로 끌려갔다가 우여곡절을 겪으며 황후가 되었어요.

23

🗝 가로 열쇠

1. 당나라에 있는 신라인 집단 거주지를 가리키는 말이에요.
4. 가야의 우륵이 신라에 귀화하여 가야금을 뜯었던 곳이에요.
6. 고려의 장군으로, 삼별초를 이끌며 대몽 항쟁을 했어요.
9. 자신의 몸을 불사르며 노동자의 권리를 부르짖은 '아름다운 청년'이에요.
10. 고려 시대에 정중부의 반란으로 무인들이 100년간 정권을 잡은 시기예요.
12. 조선 시대에 16세 이상 60세 이하의 모든 남자가 국가에 봉사해야 하는 의무를 말해요.

🗝 세로 열쇠

1. 일제는 자신들의 조상과 왕을 모시는 신사에 조선인들도 강제로 참배하게 했어요.
2. 조선 시대에 지방 백성들의 공납을 대신 납부해 주고 이자를 받는 것을 말해요.
3. 거란의 침입을 물리치고 귀주 대첩을 승리로 이끈 강감찬 장군이 태어난 곳이에요.
5. 조선 시대에 정부의 허가를 받지 않은 상인들을 시전 상인들이 단속했던 것이에요.
7. 고조선은 한반도의 작은 나라들이 한나라와 직접 교역하지 못하게 하고 ○○ ○○을 했어요.
8. 조선 말기에 청나라와 일본이 조선에 대한 지배권을 놓고 벌인 전쟁이에요.
11. 호가 겸재이며, 우리나라의 고유 화풍인 진경산수화를 개척했어요.

1		2			3	
			4	5		
6	7					8
				9		
	10		11			
12						

59

가로 열쇠

1. 1919년 4월 1일 유관순 열사의 고향인 ○○○에서 독립 만세 운동이 일어나, 일제는 끔찍하게 보복했어요.
2. 대조영은 ○○○에 발해를 세웠어요. 발해의 첫 수도예요.
5. 1839년 기해년에 일어난 제2차 천주교 박해를 말해요. 당시에 천주교는 나쁜 학문으로 규정되어 배척당했어요.
7. 민족 언론을 양성한 독립 운동가로, 해방 후 건국 준비 위원회에서 활동했어요.
10. 천도교를 창시한 손병희를 배신하고 일진회 회장을 맡은 친일 민족 반역자예요.
11. 원나라가 일본을 공격하기 위해 고려에 설치한 관청이에요.

세로 열쇠

1. 백제의 근초고왕이 왜에 보낸 박사로, 왜왕이 태자의 스승으로 삼았어요.
3. 일제가 조선의 식량을 빼앗기 위해서 1920~1934년까지 추진한 정책이에요.
4. 고구려 유민 대조영이 말갈족과 함께 동모산에 세운 나라예요.
6. 1945년 8월 15일은 우리 민족이 일제로부터 ○○된 날이에요.
7. 1896년 세워진 한국 최초의 근대적인 은행이에요.
8. 1943년 미·영·중 수뇌부가 ○○○에 모여 일제에 항복을 요구하고 한국의 독립을 결정했어요.
9. '물새들이 희롱하는 정자'라는 뜻으로, 지금은 서울 강남의 유명한 동네지만, 수양 대군의 가신인 한명회의 별장이에요.

					2		3
1							
			4				
5	6						
				7			
8		9					
10							
		11					

가로 열쇠

1. 1950년 6월 25일 일어난 남한과 북한의 전쟁을 국제적으로는 이렇게 불러요.
3. 일제가 국민 징용령을 공포하고 노동시키고자 한국인들을 강제로 끌고 간 것이에요.
4. 일제에 수탈당하는 우리나라 농촌의 모습을 그린 심훈의 소설이에요.
6. 임진왜란으로 단절된 일본과 국교를 재개하고자 1609년 기유년에 맺은 약속이에요.
9. 고구려 시조 고주몽의 아들인 온조가 세운 나라예요.
10. 솔거가 그린 금당 벽화가 있었다는 신라 시대의 절이에요. 지금은 터만 남아 있어요.
12. 청동기 시대를 대표하는 무기로, 비파를 닮아 이름이 붙여졌어요.

세로 열쇠

1. 조선 시대 명필인 한석봉의 이름이에요.
2. 1894년 동학 농민군이 전주를 점령하자 조선 정부는 이 화약을 맺었어요.
3. 조선 시대에 유성룡이 임진왜란·정유재란을 겪으며 '지난 일을 경계하여 후환을 삼간다'라는 뜻으로 지은 책이에요.
5. 삼한 시대 3대 수리 시설로, 김제 벽골제, 제천 의림지, 그리고 밀양 ○○○가 있어요.
7. 임진왜란·정유재란의 경험을 《징비록》으로 남긴 조선 시대 문신이에요.
8. 임진왜란 때 충남 금산에서 의병 700명과 함께 왜군에 맞서 싸운 사람이에요.
9. 조선 시대에 주세붕이 세운 최초의 서원이 바로 ○○○ 서원이에요.
10. 조선 전기의 명재상으로, 세종의 두터운 신임을 받았고 청백리로도 유명해요.
11. 백제의 마지막 도읍지예요.

1		2			3	
				4		5
6	7		8			
					9	
10		11				
		12				

왕의 묘호인 조와 종, 군은 어떻게 다를까?

조선 왕조는 27명의 왕이 519년간 다스린 나라예요. 우리는 어떤 왕을 'O조, O종'이라고 부르는데, 이것은 왕의 이름이 아니라 묘호(廟號)예요. 묘호는 신하들이 죽은 왕의 업적을 평가해 종묘에 붙일 이름으로 지은 것이에요.

그런데 왜 끝 자가 조(祖)나 종(宗) 두 가지만 있을까요? 《예기》에 따르면 "공이 있는 왕은 '조'로 하고, 덕이 있는 왕은 '종'으로 한다."고 했어요. 보통 나라를 세운 왕을 'O조'로 하고, 왕위를 계승한 왕을 'O종'으로 해요. 그러다가 나라를 세우는 큰 업적을 이룰 때 다시 '조'를 붙이기도 해요.

조선을 건국한 태조, 왕실의 위엄을 확립한 세조, 난폭한 광해군을 몰아내고 국정을 바로 세운 인조 등이 대표적이에요. 영조·정조는 처음에 영종·정종이었으나 국가를 다시 세우는 정도의 개혁 정치가 인정되어 '조'로 바뀌었어요. 또 선조도 처음에는 선종이었으나 임진왜란과 정유재란을 이겨내며 나라를 다시 세운 것에 비견할 정도의 공을 세웠다고 인정해 선조로 바뀌었어요. 조선 시대 왕과 사대부들은 '종'보다는 '조'가 더 명예롭다고 생각해서 세조, 선조, 순조처럼 억지로 묘호를 붙이는 경우도 있었어요.

이 밖에 연산군이나 광해군처럼 왕위를 빼앗겨 쫓겨난 왕에게는 왕손이라는 것만 인정해 왕자 시절에 불렸던 '군(君)'을 붙였어요.

가로 열쇠

1 고대에 무덤의 벽이나 천장에 그린 그림이에요.
3 러일 전쟁에서 승리한 일본은 ○○○○ 회담으로 대한 제국에 대한 독점적 지배권을 세계 열강으로부터 인정받았어요.
5 조선 시대에 대동법이 실시되어 대동미와 대동포를 관리한 관청이에요.
7 팔만대장경이 있는 절이에요.
10 북로 군정서 총사령관으로, 청산리 대첩을 이끌었어요.
11 백제 무왕이 세운 절로, 우리나라에서 가장 크고 오래된 석탑이 유명해요.
12 조선 시대에 양반과 상민의 중간 신분층을 부르는 말이에요.
13 조선 시대에 산꼭대기에 봉화를 피워 통신을 한 곳이에요.

세로 열쇠

1 단군왕검이 세운 우리나라 최초의 국가예요.
2 화약을 사용한 모든 포를 이렇게 불러요.
4 부자들에게 고용되어 품삯을 받고 일하는 사람이에요.
6 신라의 장보고가 해적들을 몰아내고, 지금의 전남 완도에 세운 무역기지예요.
8 조선 시대에 정철이 임금에 대한 충정을 표현한 가사 작품이에요.
9 고려 무인 정권기에 지방관들의 수탈이 극심해지자 1193년 효심과 함께 민란을 일으킨 사람이에요.
10 1919년 의열단을 조직하고 조선 의용대를 창설한 독립 운동가예요.

1			**2**			
			3		**4**	
5		**6**				
		7		**8**		**9**
10				**11**		
			12			
13						

27

🗝 가로 열쇠

1. 일제 강점기에 신채호가 우리나라의 상고사를 기록한 역사책이에요.
3. 조선 시대의 소작 제도로, 수확량에 관계없이 미리 정해 놓은 소작료를 지급하는 것을 말해요.
5. 조선 시대에는 서울을 이렇게 불렀어요.
6. 상감 기법으로 만든 도자기예요. 고려 시대에 유행했어요.
8. 조선 시대 문인이에요. 〈사미인곡〉을 지으며 임금에 대한 충절을 노래했어요.
9. 고려 시대에 원나라가 고려의 내정을 간섭하기 위해 지금의 제주도인 탐라에 설치한 총관부예요.

🗝 세로 열쇠

1. 조선 중종 때 이상적인 왕도 정치를 실현하기 위해 급진적인 개혁을 시행한 사람이에요.
2. 고구려 유민 출신의 당나라 장수로, 탈라스 전투에서 활약했어요.
3. 도끼를 옆에 두고 상소하여 죽음을 각오한다는 결의를 보이는 것이에요.
4. 왕세자를 부르는 말로, 왕위를 계승할 왕자를 일컬어요.
5. 1919년 4월 서울에 수립된 임시 정부예요. 전국 13개 도 대표들의 국민회의를 통해 구성되었어요.
7. 만주족이 세운 나라로, 중국의 마지막 왕조예요.

🗝 가로 열쇠

1 '백성을 가르치는 바른 소리'라는 뜻으로, 세종 대왕이 만든 한글이에요.
3 호가 율곡이며, 이황과 함께 조선 성리학의 양대 산맥으로 불려요.
5 조선의 실학자예요. 과학적인 사고의 선구자였으며 지전설을 주장했어요.
6 남한과 북한의 군사 분계선으로, 북위 38도에 있어요.
7 인왕산의 정기를 진경산수화로 담아낸 겸재 정선의 그림이에요.
10 조선 중기 이후에 의정부를 대신한 최고의 관청이에요.

🗝 세로 열쇠

2 조선 정조의 신임을 받은 실학자로, 거중기를 사용해 수원 화성을 세웠어요.
4 조선 후기 해안에 나타난 서양 배를 말해요.
5 '널리 인간을 이롭게 한다.'는 고조선의 건국 이념이에요.
6 청나라가 병자호란에 승리하며 서울 잠실에 세운 전승비예요.
8 조선 시대에 오품 이하의 관리나 향교, 사부학당의 학생이 응시하여 제술을 겨루던 시험이에요.
9 조선 시대에 왕의 특명을 받고 지방에 파견된 관리를 말해요.
11 삼한 중 하나로, 가야 연맹체의 작은 나라로 성장했어요.

1		**2**		**3**	**4**
5			**6**		
7		**8**			**9**
			10	**11**	

가로 열쇠

1 1987년 6월 전국에서 벌어진 민주화 운동으로, 대통령 직선제를 이끌어 냈어요.
5 호가 죽산인 사회주의 독립 운동가예요. 1952년 대통령 선거에서 이승만과 겨루었어요.
7 대한민국 임시 정부가 국내외에 연락 업무를 위해 만든 비밀 행정 조직이에요.
8 고조선 후기의 대표적인 유물인 한국식 동검이에요.
9 신라 시대에 인도를 여행하고 《왕오천축국전》을 지은 승려예요.

세로 열쇠

1 조선 실학의 선구자로, 통치 제도를 개혁하는 《반계수록》을 썼어요.
2 며느리가 될 여자아이를 데려다 키운 후 혼례를 시키는 옥저의 풍습이에요.
3 한국 전쟁 때 유엔군의 공격이 거세지자, 중국 공산당은 '미국에 반대하고 북한을 돕는다.'는 구실로 참전했어요.
4 신라 시대에 김대성이 경주 토함산에 만든 석굴 사원이에요.
6 독립군이 일제에 크게 승리한 전투로는 청산리 전투와 ○○○ 전투가 있어요.
7 조선 제10대 왕으로, 어머니 폐비 윤씨의 죽음에 크게 상처를 받고 폭정을 일삼다가 왕위에서 쫓겨났어요.
8 조선 시대에 왕조 실록을 편찬한 후 기초 자료인 사초들을 파기하는 것을 말해요.

1		**2**		**3**			
							4
					5		**6**
7							
			8				
		9					

🗝️ 가로 열쇠

1. 안중근 의사가 옥중에서 동양 평화를 위해 쓴 책이에요.
4. 백제 성왕이 수도인 사비를 방어하기 위해 부소산에 세운 성이에요.
6. 일제는 우리나라를 식민 통치하기 위해 최고의 통치 기관인 '조선 ○○○'를 설치했어요.
8. 임진왜란 때 왜군을 벌벌 떨게 한 거북 모양의 돌격선이에요.
9. 조선과 청나라가 치른 두 번째 싸움이에요. 조선이 패하며 군신 관계를 맺었어요.
11. 조선 시대에 아이들을 가르치던 교육 기관으로, 훈장님이 가르쳤어요.

🗝️ 세로 열쇠

1. 고려 시대에 원나라가 서경에 설치한 통치 기관이에요.
2. 고구려 장수왕이 천도한 고구려의 마지막 수도예요.
3. 조선 말기에 흥선 대원군은 최고의 군사 기관으로서 이것을 부활시켰어요.
5. 조선 인조의 적장자로, 세자에 책봉되어 병자호란 이후 청나라에 인질로 끌려갔어요.
7. 1919년 3월 1일 한국은 최남선이 기초하고 민족 대표 33인이 서명한 이 선언서를 통해 세계 만방에 독립을 선포했어요.
8. 요나라를 세운 민족이에요.
9. 군대가 필요한 물자를 관리·보급하는 것을 말해요.
10. 조선 후기에 박지원이 쓴 소설로, 호랑이를 통해 양반 사회를 비판했어요.

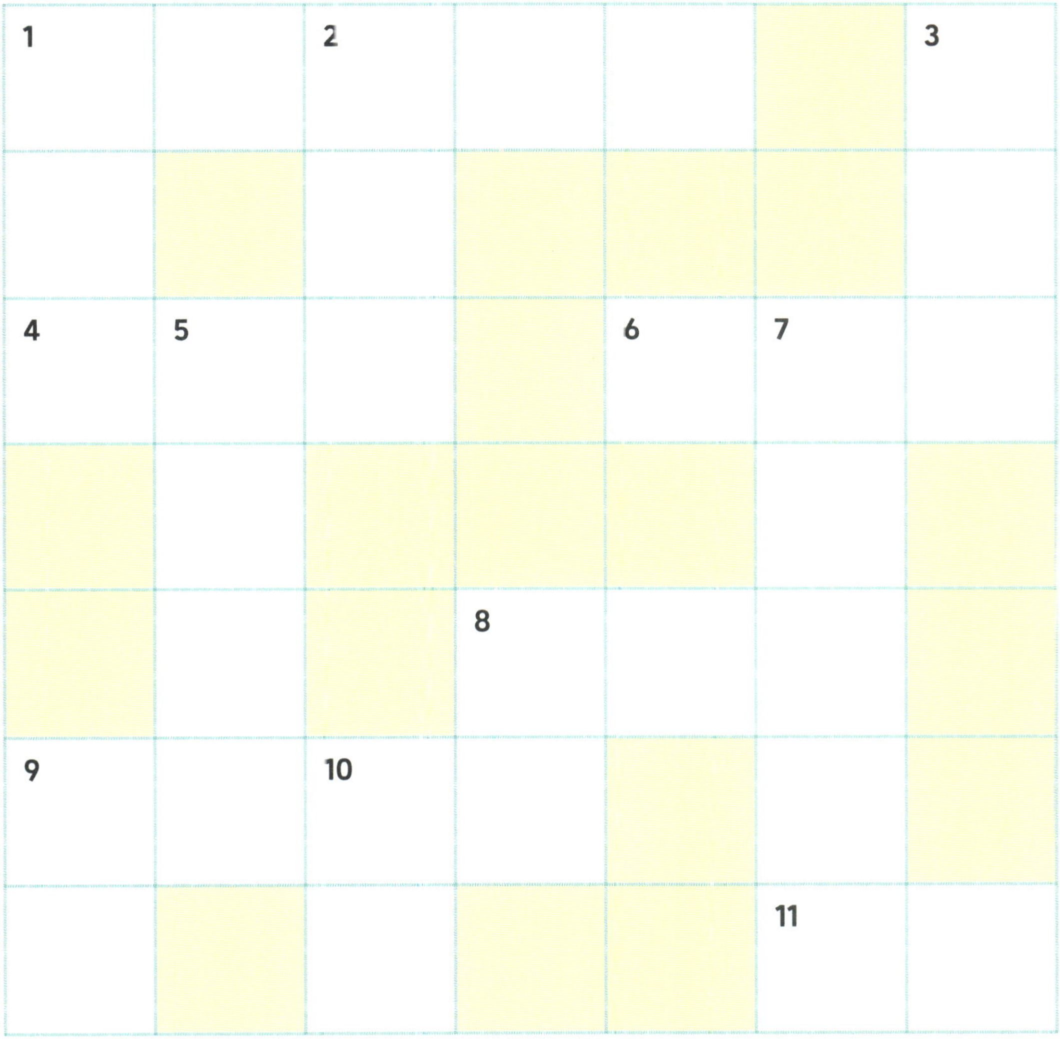
1
2
3
4
5
6
7
8
9
10
11

역사 속 흥미롭고 놀라운 이야기

학생들의 배움터, 학교

가정이나 지역 사회에서 어른들이 생활에 필요한 것을 아이들에게 가르치는 것을 '교육'이라 하며, 교육이 이루어지는 시설을 '학교'라고 불러요. 역사 속에 등장하는 우리나라의 교육기관은 여러 가지가 있지만 삼국 시대 이전의 기록은 찾을 수가 없어요.

고구려는 삼국 중에서 학교 교육을 가장 먼저 시작한 나라예요. 국립 대학인 '태학'은 372년에 설립되었고, 사립 대학인 '경당'은 민간 교육 기관으로, 모두 우리나라 학교 교육의 출발점이에요.

백제가 학교를 설립했다는 기록은 아직 발견되지 않았지만, 오경박사와 각종 전문 박사 제도를 둔 사실로 미루어 고구려와 비슷했을 것으로 추측해요.

신라는 국립 대학인 '국학'을 설립해 인재를 길러 냈어요. 더불어 화랑도라는 청소

년 조직을 통해 인재를 양성하고 우수한 학생들을 관료로 임명했어요.

고려는 관료 양성을 목적으로 최고의 국립 대학인 '국자감'을 설치했어요. 국자감은 '성균관'으로 이름이 바뀌어 조선 시대까지 이어졌어요. 또 국립 대학인 '학당'과 사립 대학인 '12도'가 있었어요. 지방에는 사립 대학인 '향교'가 있었는데 글자 그대로 지방의 학교예요. '서당'은 마을마다 있어서 아이들의 교육에 크게 기여했어요.

조선은 고려의 학교 제도를 그대로 받아들였어요. 최고의 국립 대학인 '성균관'에서는 유생들이 모여 살면서 공부했어요. 또 국립 대학인 '학당'은 한양 동·서·남·북·중앙에 하나씩 설치해 오부학당이 되었다가 북부학당이 폐지되어 사학(四學)이 되었어요. 지방의 국립 대학인 '향교'는 전국에 329개가 있을 정도로, 지방 문화에 커다란 영향을 미쳤어요. 사립 대학인 '서원'은 쇠퇴해 가던 향교를 대신했는데, 영조 때는 전국에 600여 개가 넘을 정도였어요. '서당'도 지방에 살고 있던 아이들에게 기초 지식을 보급하는 데 큰 역할을 했답니다.

31

🗝 가로 열쇠

1. 1919년 3·1운동 이후 상하이에 대한민국 ○○ ○○가 수립되었어요.
3. 조선 시대에 정기적으로 열리는 시장을 말해요.
5. 호가 월남이며, 서재필과 독립 협회를 조직했고, 신간회 창립회장 등을 역임한 독립 운동가예요.
6. 견훤이 세운 나라예요.
8. 고구려, 백제와 함께 삼국 시대를 이끌었어요.
10. 〈대동여지도〉를 만든 김정호의 호예요.
12. 신석기 시대에 농경과 목축이 시작된 것을 말해요.

🗝 세로 열쇠

2. 왜군은 임진왜란 중에 벌인 화의 교섭이 틀어지자 정유년에 다시 조선을 침략했어요.
4. 삼한에서 추수를 끝낸 10월에 한 해의 수확에 감사하며 올리는 제사를 말해요.
5. 임진왜란과 정유재란 때 바다에서 왜군을 격파하고 노량 해전에서 전사한 장군이에요.
7. 한반도에서 가장 높은 산이자 한민족의 영산이에요.
9. 일제 강점기에 활동한 우리나라 최초의 여성 서양화가로, 여성 계몽 운동에 앞장섰어요.
10. 임진왜란 때 조헌과 함께 금산 전투에 참전한 의병장이에요.
11. 조선 시대에 장영실이 만든 물시계예요.

1		2			3	4
5				6	7	
8	9			10		11
12						

32

🗝 가로 열쇠

1. 조선 시대 허균이 지은 소설이에요. 홍길동을 통해 부조리한 조선 사회를 비판했어요.
4. 토지의 신인 '사'와 곡식의 신인 '직'에 제사하는 단이에요.
6. 옛날에 봇짐과 등짐을 지고 다니며 물건을 파는 상인을 말해요.
7. 조선 시대의 당상관을 부르는 호칭이에요. 그 이상의 직급은 대감이라고 불렸어요.
8. 조선 시대에 실학의 한 분파로, 상공업을 중시했어요.
10. 추사체를 창안한 김정희의 호예요.
11. 신석기 시대와 청동기 시대 사람들이 살았던 집이에요.

🗝 세로 열쇠

2. 조선 선조의 명을 받은 허준이 중국과 조선의 의서를 정리한 백과사전이에요.
3. 관직에서 물러나게 하는 것을 말해요.
4. 조선 시대에 이제마가 사람의 체질을 네 가지로 나누고 질병을 치료한 것을 말해요.
5. 양기가 가장 왕성한 음력 5월 5일에 제사를 지내고, 그네뛰기, 씨름, 줄다리기 등을 하는 우리나라 명절이에요.
7. 조선 고종이 근대의 무기 제조법을 배우기 위해 청나라에 보낸 사절단이에요.
8. 조선 시대 4색 당파는 동인에 근거한 남인과 ○○, 서인에서 갈라진 노론과 소론을 말해요.
9. 고려 시대에 이인로가 지은 시화집이에요.

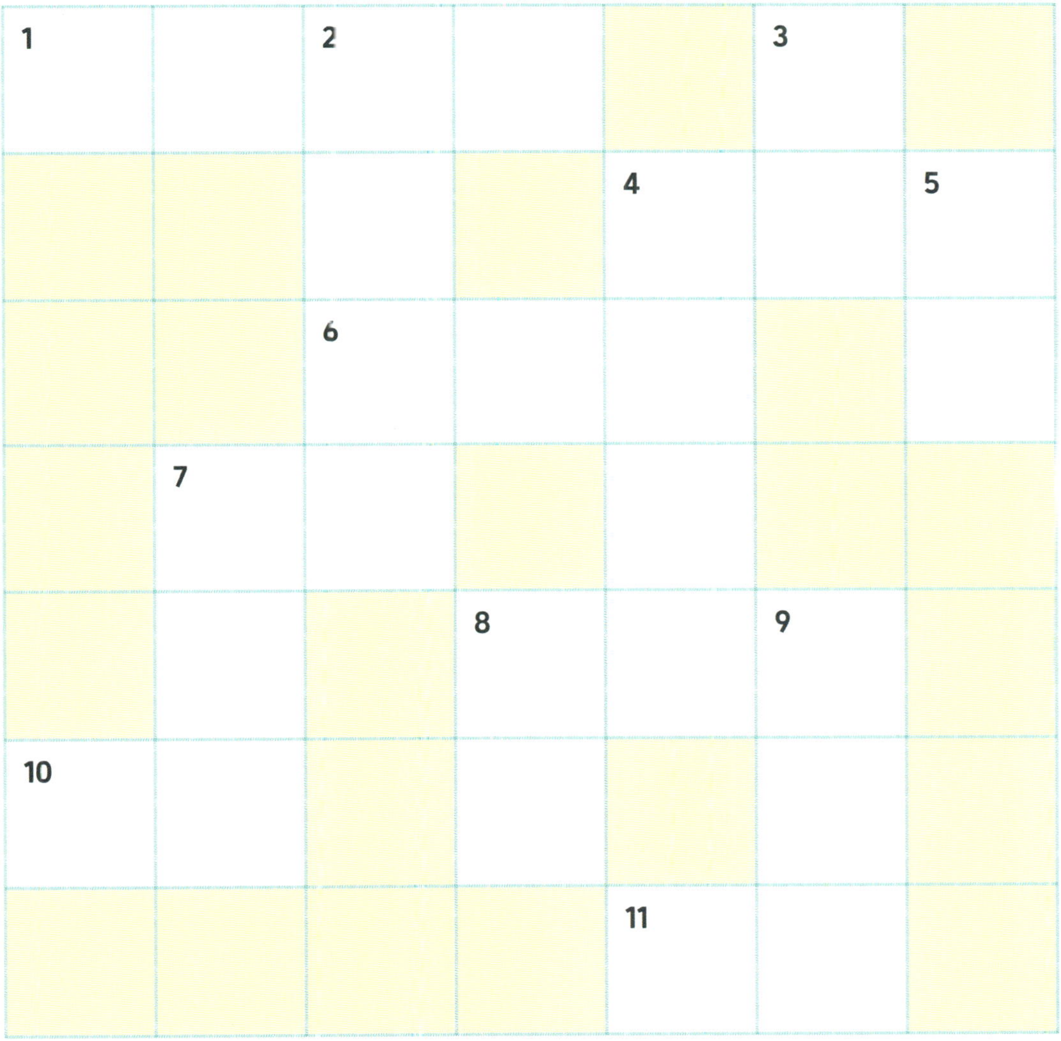
1
2
3
4
5
6
7
8
9
10
11

🗝 가로 열쇠

1 고구려의 왕으로, 연호는 영락이며, 우리나라 역사상 가장 넓은 영토를 확장했어요.
4 일본은 청일 전쟁을 일으키며 요동 반도의 여순과 ○○을 점령해 청나라로부터 항복을 받았어요.
5 지배층의 착취에 맞선 민중의 저항이에요. 고부 ○○, 진주 ○○, 제주 ○○.
6 마한의 우두머리 소국이에요.
8 국왕을 이렇게도 불렀어요. "○○마마 납시오."
9 고려 시대와 조선 초기의 빈민 구호 기관이에요.
10 1910년 대한 제국은 ○○ ○○ 조약에 따라 국권을 잃었어요.

🗝 세로 열쇠

1 조선 고종 때 세워진 우리나라 최초의 서양식 국립 병원이에요.
2 우리나라의 공식 명칭이에요.
3 조선 시대에 한양의 수비와 군사 훈련을 맡은 군영이에요.
7 명나라 왕양명이 양명학을 주창하며 도덕적 지식과 실천을 일치시켜야 한다는 의미로 주장한 말이에요.
8 고려·조선 시대에 물가를 조절하는 기관이에요.
9 국가가 외침의 위기를 겪을 때 국민이 스스로 조직한 민병대를 말해요.

1			2			3
					4	
			5			
	6	7			8	
				9		
	10					

🗝️ 가로 열쇠

1. 청동기 시대 유력자의 무덤으로, '지석묘'라고도 불러요.
3. 경주 불국사 대웅전 앞에 석가탑과 함께 서 있는 탑이에요.
5. 1945년 제2차 세계 대전이 끝나면서 루스벨트, 처칠, 스탈린이 얄타에서 가진 회담이에요. 이때 한반도에 38도선이 그어졌어요.
7. 조선 세종 대에 만들어진 역법서로 내편과 외편이 있어요.
10. 신라 말기의 승려로, 풍수지리에 대가예요.
12. 웅진에서 사비로 천도한 백제의 왕이에요.
13. 1938년 김원봉이 중국 한커우에서 만든 무장 독립군을 말해요.

🗝️ 세로 열쇠

2. 조선 시대 서인과 능양군(인조)이 광해군과 대북파를 몰아내고 왕위를 빼앗은 사건이에요.
4. 1904년 일제의 황무지 개간권 요구에 저항하기 위해 조직된 독립 운동 단체예요.
6. 고구려의 승려이자 화가로, 왜에 종이와 먹을 전해 주었어요.
7. 백제 왕이 왜왕에게 선물했던 7개의 칼날이 있는 칼이에요.
8. 조선 시대에 천체의 움직임을 관측하는 천문 기구예요.
9. 신라 시대에 세워진 별을 보는 관측대예요.
11. 임진왜란을 피해 의주까지 피난한 조선 제14대 왕이에요.

1	2			3	4	
			5			6
7						
			8		9	
10	11				12	
	13					

🗝 가로 열쇠

1. 중국 지린성에 있는 고대 왕릉으로, 고구려 광개토왕이나 장수왕의 것으로 추정해요.
3. 본래 뜻은 훈구 공신으로, 조선 세조의 왕위 찬탈로 정권을 장악한 관료들이에요.
4. 조선 세종 대에 기전체의 《고려사》와 편년체의 이 책이 편찬되었어요.
7. 조선 후기에 흥선 대원군이 서양과의 통상을 금지한다며 전국에 세운 비석이에요.
8. 신라 시대에 유입되었고, 현재 우리나라 불교 종파 중에서 가장 커요.
10. '임금이 피신한다.'는 말로 고종이 러시아 공사관으로 피신한 사건을 '아관○○'이라고 해요.
11. 조선 후기에 삼정이 문란해져 어린아이에게까지 군역을 지워 수탈한 것을 말해요.

🗝 세로 열쇠

1. 통일 신라 장군으로, 완도에 청해진을 세워 해적을 소탕하고 해상 무역을 장악했어요.
2. 상하이 임시 정부의 문지기를 자처하며 《백범일지》를 썼어요.
3. 고려 태조 왕건이 자손들에게 남긴 10가지 가르침이에요.
5. 전통적 신분 사회의 최하층이에요. 개인에게 상속되면서 사역했어요.
6. 조선 시대에 훈구 세력이 연산군을 몰아내고 진성 대군(중종)을 왕으로 추대한 사건이에요.
7. 성리학의 '바른 것을 지키고 그릇된 것을 물리친다.'는 가르침을 앞세워 정치 운동을 했던 사람들로, '위정○○○'라고 불러요.
9. 사단칠정을 주제로 기대승과 논쟁을 벌인 조선 성리학의 거두예요.

	1						2	
					3			
4			5					
								6
7					8			
				9				
10			11					

87

태극기

태극기는 언제부터 사용했을까요?

태극기를 처음 사용한 것은 조선 말기예요. 일본은 조선의 문호를 열기 위해 운요호 사건을 일으키며 조선과 '강화도 조약'을 체결했어요. 이때 일본은 운요호에 일본의 깃발이 꽂혀 있는데 왜 공격을 했냐며 따졌어요. 하지만 조선은 그때까지 국기가 무엇인지, 그 의미가 무엇인지도 알지 못했어요. 그러다가 처음 국기를 사용하게 된 것은 수신사로 일본에 파견된 박영효가 앞서 조선 정부에서 논의한 태극과 사괘를 이용한 국기를 만들어 일본 고베의 숙소에 게양한 것이었어요.

태극기가 상징하는 것은 무엇인가요?

태극기의 흰색 바탕은 평화를 사랑하는 한민족의 성품과 밝음, 그리고 순수를 상징해요. 가운데 있는 빨강과 파랑이 어우러진 태극 문양은 음(파랑) 양(빨강)의 조화를 의미해요. 음양이 서로 어우러지며 나타나고 사라지는 우주의 원리를 형상화한 것이지요. 그리고 4괘는 음양이 서로 발전하는 모습을 표현한 것으로, 건괘는 하늘, 곤괘는 땅, 감괘는 물,

이괘는 불을 나타내며, 태극과 함께 통일의 조화를 이루어요.
태극기는 우리 조상들의 의식과 사상이 바탕이 되어 탄생한 대한민국의 상징으로, 한민족의 번영을 갈망하는 이상이 담겨 있어요. 조상들의 정신이 담긴 태극기를 후손에게 전하고, 민족 통일과 인류 평화의 가장 높은 곳에서 펄럭이도록 다 같이 힘써 보아요.

🗝 가로 열쇠

1. 거란의 장군으로, 고려를 침입했지만 강감찬 장군에게 흥화진과 귀주에서 대패했어요.
4. 원나라 공주이자 공민왕 아내로, 개혁 정치와 반원 정책을 지지한 인물이에요.
6. 관에서 편찬한 역사서가 아닌 민간에서 만든 것을 말해요.
7. 만주 일대에 살던 민족으로 금나라와 청나라를 세웠어요.
8. '○○○○대다라니경'은 세계에 현존하는 목판 권자본 중에 가장 오래되었어요.
10. 개혁 정책과 반원 정책을 펼치며 북방의 영토를 회복한 고려 말기의 왕이에요.
11. 조선 말기에 설치된 신식 군대예요.

🗝 세로 열쇠

1. 고구려를 건국한 동명성왕의 아내예요.
2. 1925년 일제가 만주 군벌인 장쭤린과 이 협약을 맺어 항일 독립 운동이 크게 위축되었어요.
3. 여러 상인이 위탁한 상품의 매매를 주선해 주는 지방의 도매업자를 말해요.
5. 광복군과 미군 정보처는 한국 본토에 침투하는 '○○ ○○ 작전'을 세웠지만, 일제가 패망하는 바람에 중단되었어요.
8. 〈서동요〉의 주인공으로, 미륵사를 세워 민심을 수습한 백제의 왕이에요.
9. 임진왜란 중 세자에 책봉되어 분조를 이끌고 실리 외교로 조선을 이끌었어요.

	1						2	
					3			
	4		5					6
	7				8			9
			10					
						11		

🗝 가로 열쇠

1 금속으로 만든 활자를 말해요. 현존하는 세계에서 가장 오래된 금속 활자본은 고려의 '직지심체요절'이에요.
4 1883년 조선 정부가 통역관을 양성하기 위해 세운 영어 학교예요.
5 조선 중기의 학자로, 황진이, 박연 폭포와 함께 '송도 3절'로 불려요.
7 조선 시대에 의약, 서민 치료, 질병을 관리하던 관청이에요.
9 조선 후기 성리학자로, 위정척사파의 정신적 지주예요.
11 조선 세종 대 집현전 학자로 이름이 높았으나, 마음을 바꾸어 수양 대군을 섬긴 인물이에요.
12 왕위를 물려준 지난 왕이 살아 있을 때 이렇게 불러요.

🗝 세로 열쇠

2 우리나라 최초의 대장경인 '초조대장경'을 대각국사 의천이 보완한 것이에요.
3 조선 말기 서양의 과학 기술 학문을 일컫는 말로, 보통 천주교를 이렇게 불러요.
4 조선의 전통적인 제도와 사상을 지키면서, 서구의 근대 기술은 받아들이자는 개화 사상이에요.
6 조선 고종의 딸로, 일제가 정략 결혼을 시켜 불행한 삶을 살았던 옹주예요.
8 조선 태조 때 종로에 창건한 누각으로, 현재는 새해맞이 종을 쳐요.
10 신라가 삼국 통일을 할 수 있게 기반을 닦은 왕이에요.

가로 열쇠

1. 청나라의 황준헌이 쓴 《조선책략》이 전국에 퍼지자 영남 지방의 유생 1만여 명이 미국과의 수교를 반대하며 올린 상소예요.
4. 우리나라 최초의 서양식 사설 극장으로, 창극을 공연했어요.
5. 신라는 삼국을 통일한 후 전국을 '9주 ○○○'으로 정비했어요.
7. 신라 시대에 완산주인 이곳에 견훤이 후백제를 세웠어요.
9. 이 사람이 원나라에서 화약 제조법을 배우자, 고려 우왕은 '화통도감'을 설치하고 화포를 제작했어요.
10. 국가가 국민에게서 국가 운영에 필요한 돈을 법이 정한 바에 따라 거두는 것이에요.
11. 대가야 출신의 음악가로, 가야금을 만들었어요.

세로 열쇠

2. 일제가 만주를 식민지로 삼기 위해 자신들 소유의 남만주 철도를 폭파하고, 중국이 한 것이라 주장하며 전쟁을 일으킨 사건이에요.
3. 왕에게 자신의 생각을 글로 올리는 것을 말해요.
4. 조선 말기에 흥선 대원군이 경복궁 중건을 위해 백성들에게 받은 기부금이에요.
6. 우리나라 최초의 철도로, 서울 구로역에서 인천역까지 이어졌어요.
8. 우리나라 서원의 시초인 백운동 서원을 세운 사람이에요.
9. '사람이 곧 하늘이다'라는 '인내천'을 주장한 동학의 창시자예요.

가로 열쇠

1 정부가 폐정 개혁안을 지키지 않자, 동학 농민군은 각 지방에 ○○○을 설치해 농민들의 억울함을 해결했어요.
3 고구려 유민인 고선지 장군이 당나라 장군으로 활약한 전쟁이 ○○○ 전투예요.
5 동학 농민군 대장으로 녹두장군이라고도 불러요.
7 방정환이 아이를 귀하게 여기며 이 말을 만들었어요. 5월 5일은 '○○○날'
9 조선 영조·정조 대에 탕평에 노력한 남인 세력의 정치인이에요.
10 고려 후기에 이제현이 역사, 인물, 문학 등 한문학의 전통에 구애받지 않고 자유롭게 쓴 책이에요.
12 조선 시대에 왕이 이름을 짓고 명판을 내려 보낸 서원을 말해요.

세로 열쇠

1 조선 세종 때 만들어진 학술 연구 기관이에요.
2 제주도에 있었던 고대 국가예요.
4 소련의 독재자로 한국 전쟁 때 북한을 지원했어요.
6 전근대의 군사 통신 제도를 말해요.
8 고종이 헤이그에 파견한 특사는 이준, 이위종, ○○○이에요.
9 조선 연산군이 아름다운 여성을 뽑기 위해 전국에 파견한 관리예요.
10 조선 시대에 국가가 역에서 운영한 여관을 말해요.
11 민간에서 유행하는 이야기를 소설로 쓴 것으로, 보통 ○○ 소설, ○○ 문학이라고 해요.

1				**2**		
			3		**4**	
5	**6**					
				7		**8**
9						
			10		**11**	
12						

97

🗝️ 가로 열쇠

1. 신라 시대 골품 제도의 성골, 진골, 다음의 계급이에요.
3. 조선 광해군 때 《동의보감》을 쓴 사람이에요.
4. 조선 시대에 수양 대군이 단종의 왕위를 빼앗기 위해 일으킨 사건이에요.
5. 신화, 전설, 민담 등과 같이 말로 전해지는 이야기를 말해요.
7. 조선 시대 성리학자 이이가 태어난 곳으로, 집 주변에 까만 대나무가 많아서 이렇게 이름이 붙여졌어요.
8. 1876년 조선과 일본이 맺은 조약으로, 조일 수호 조규 또는 ○○○ 조약이라고 해요.
11. 전쟁 중에 선량한 백성, 즉 많은 양민이 학살되는 일을 말해요.
12. 신라의 화랑이 반드시 지켜야 할 덕목이에요.

🗝️ 세로 열쇠

1. 조선 시대에 나라에서 필요한 물품을 공급하던 여섯 종류의 상점이에요.
2. 고려·조선 시대에 관리들의 '직품'과 '관계'를 일컫는 말이에요.
3. 허균의 누나로, 글 솜씨가 뛰어났지만 남존 여비 사상 때문에 불행한 삶을 살았어요.
6. 대한민국 서울의 중심을 흐르는 강이에요. 백제의 온조왕이 이 강 유역에 위례성을 세웠어요.
7. 고려의 행정 구역이에요.
9. 신석기 시대에 사용한 즐문 토기를 '○○무늬 토기'라고 불러요.
10. 불교에서 말하는 죽은 후의 세상이에요.

1		**2**			**3**	
		4				
				5		
	6		**7**			
	8					**9**
10			**11**			
12						

열사, 의사, 지사는 어떻게 다를까?

일제 강점기에 활동한 독립 운동가들은 업적이나 활동에 따라 열사(烈士)·의사(義士)·지사(志士)로 구분하며 부르고 있어요. 그러면 어느 분에게는 열사, 어느 분에게는 의사 혹은 지사라는 호칭이 붙는 걸까요?

열사

열사는 무력을 사용하지 않고 온몸으로 억압에 맞선 분들이에요. 이분들은 국권이 침탈당할 때 우리 민족이 겪는 억울함을 죽음으로 세상에 알렸답니다. 을사늑약 체결의 부당함을 만방에 알린 민영환, 고종의 특사로 네덜란드 헤이그에 파견되어 대한민국의 독립 의지를 세계에 알린 이준, 어린 여학생의 몸으로 3·1 운동을 이끈 유관순 등을 들 수 있어요.

의사

의사는 나라와 민족을 위해 무력을 사용해 적을 물리치고 항거하다가 죽은 분들이에요. 이분들의 용맹함은 그 일의 성패와 관련지어 말할 수 없답니다. 조선 침략의 원흉인 이토

히로부미를 죽인 안중근, 일본 도쿄에서 일왕에게 폭탄을 던진 이봉창, 중국 홍커우 공원에서 도시락 폭탄을 터뜨려 일본 제국주의 침략자들을 죽인 윤봉길 등을 들 수 있어요.

지사

지사는 백척간두에 놓인 나라와 민족의 위기에 맞서 온몸을 던져 희생한 공로가 인정된 분들을 말합니다. 의사와 열사는 조국과 민족을 위해 순국한 분들이지만 지사는 살아 있는 사람들에게 씁답니다. 이미 세상을 떠난 지사들은 순국선열이라고 칭하지요.

41

🗝 가로 열쇠

1. 조선 세종 때 왕조의 개국과 번영을 기원하며 한글로 지은 노래예요.
3. 조선 세조 때 약관의 나이에 병조판서에 오른 뛰어난 장군이에요.
5. 조선 말기에 세워진 최초의 우체국으로 우편 업무를 담당했어요.
6. 고려 말기의 승려로, 공민왕의 신임을 얻어 개혁 정치를 했으나 요승으로 전락했어요.
7. '이것은 소리 없는 아우성'으로 시작되는 시 〈깃발〉을 쓴 1930년대 시인이에요.
9. 1940년 임시 정부가 조직한 군대예요.

🗝 세로 열쇠

1. 임금의 자리를 말해요.
2. 신라의 고분으로, 천마도가 출토되어 이름이 붙여졌어요.
4. 신라 법흥왕 때 불교를 공인받기 위해 순교한 사람이에요.
5. 동학 농민군이 관군과 일본군에 맞서 싸웠지만 ○○○에서 크게 패하고 말았어요.
6. 조선 시대에 김홍도와 함께 뛰어난 풍속화를 그린 화가예요.
7. 한국 전쟁 때 남한을 도와 함께 싸웠던 국제 연합의 군대예요.
8. 대한 제국의 고종은 천자로서 ○○○에서 제를 올리며 국가의 안녕을 기원했어요.
9. 조선 후기에 농경지 경작 규모가 확대된 현상을 말해요.
10. 청동기 시대에 계급이 분화되며 나타난 정치적 지배자예요.

1			2			
					3		4
	5					
					6	
7		8				
				9		10

42

🗝️ 가로 열쇠

1. 경남 합천 해인사에 보관된 불교 경전이에요.
5. 고려 중기에 활동한 명문장가로, 《동국이상국집》을 썼어요.
6. 시베리아 동해 연안으로, 독립군들이 만주와 ○○○에서 피를 흘리며 싸웠어요.
8. 조선 시대에 토지 수조권을 현직 관리에게만 부여한 토지 제도예요.
10. 고대 만주 지역에 살았던 부족으로, 부여와 경쟁했어요.
11. 신라는 기벌포 해전과 ○○○ 전투에서 이겨 나당 전쟁을 끝냈어요.

🗝️ 세로 열쇠

2. 1906년 천도교에서 발행한 신문이에요.
3. 〈황성신문〉의 주필로 을사늑약이 체결되자 '시일야방성대곡'을 쓰며 통곡했어요.
4. 거란이 대군을 이끌고 고려를 공격하자, 고려의 강감찬 장군은 ○○에서 크게 물리쳤어요.
5. 1906년 신소설 〈혈의 누〉를 쓴 작가예요.
7. 충남 해미에 있는 읍성으로, 조선 시대 생활을 엿볼 수 있어요.
9. 일제가 가져가는 문화재를 지키기 위해 평생을 헌신한 인물로, 호가 간송이에요.
12. 조선 시대의 4색 당파는 노론·○○·남인·북인이에요.

	1	2		3		
						4
5				6	7	
8	9				10	
			11	12		

🗝 가로 열쇠

1 일제가 1908년 조선을 착취하기 위해 ○○○○ 주식회사를 세웠어요.
4 17세기 중엽 제주도에 난파된 네덜란드 사람으로, 《하멜표류기》를 썼어요.
5 청동기 시대에 많이 쓴 토기로, 무늬가 없다고 해서 ○○○ 토기라고 불러요.
6 신라 최초의 진골 출신의 왕으로, 삼국 통일의 기틀을 다졌어요.
8 조선 말기에 고종은 일본의 근대 문물을 시찰하라고 '신사 ○○○'을 파견했어요.
10 통일 신라와 발해가 한민족의 역사를 이끈 시기를 ○○○ 시대라고 해요.
11 조선 시대 여성들이 외모를 꾸미기 위해 덧대는 가발이에요.
12 신라와 연합해 백제와 고구려를 무너뜨린 나라예요.

🗝 세로 열쇠

2 고구려 장수로, 당나라의 공격으로부터 안시성을 지켰어요.
3 1910년 8월 29일 한국은 일제의 ○○지가 되었어요.
4 옛날에는 하늘에 가까운 서쪽을 '하늬쪽'이라고 했어요. 그래서 서쪽에서 부는 바람을 ○○○○이라고 불러요.
7 제2차 세계 대전 때 연합국에 맞선 독일·이탈리아·일본을 말해요.
8 1972년 10월 박정희는 유신 헌법으로 ○○○○를 만들었어요. 이로써 행정·입법·사법 3권을 장악하고 종신 집권할 수 있게 되었어요.
9 환인의 손자이자 환웅과 웅녀의 아들로, 고조선을 세운 우리 민족의 시조예요.
10 1946년 남한에 결성된 남조선 노동당을 줄여서 부르는 말이에요.

1	2		3		4	
			5			
6		7				
				8		9
10						
			11			
12						

🗝 가로 열쇠

1 땅을 생명체로 여기고 인간의 길흉화복에 연결시켜 설명하는 설이에요.
4 조선 시대에 각 지방의 토산물을 바치는 조세 제도예요.
5 고구려 광개토 대왕의 연호예요.
7 고려 말기에 위화도 회군으로 정권을 잡아 조선을 세운 사람이에요.
9 선사 시대 사람들이 바위에 새긴 그림으로, 울산 반구대가 유명해요.
10 조선 성종이 어머니와 할머니를 위해 만든 궁궐이에요. 일제는 민족 정기를 말살하기 위해 ○○○을 동물원으로 만들었어요.
12 1945년 미·영·소 3국 외상이 한반도 신탁 통치를 의논한 회의예요. '모스크바 ○○ ○○'

🗝 세로 열쇠

1 서울 풍납동에 있는 백제 초기 토성으로, 왕성일 가능성도 있어요.
2 조선 후기 천연두를 예방하는 우두종두법을 보급한 사람이에요.
3 통일 신라 시대에 원효와 요석 공주 사이에서 태어나 이두 문자를 정리한 학자예요.
6 백제 사비성이 나당 연합군에게 함락되자 수많은 백제 여인이 이곳에서 뛰어내렸다는 전설이 있어요.
7 일왕에게 폭탄을 던진 상하이 임시 정부 한인 애국단 소속의 독립 운동가예요.
8 고종은 네덜란드 헤이그에서 열린 '만국 ○○ ○○'에 이준, 이상설, 이위종을 특사로 보냈어요.
11 신라의 수도인 서라벌의 현재 지명이에요.

45

가로 열쇠

1 중국 하얼빈에서 조선 통감 이토 히로부미를 처단한 독립 운동가예요.
3 고구려의 양만춘 장군은 ○○○에서 당나라의 공격을 물리쳤어요.
5 고려 무신 집권기에 정중부를 죽이고 권력을 잡은 사람이에요.
7 통일 신라 말기와 고려 초기의 지방 세력가들을 부르는 말이에요.
9 신윤복과 함께 조선 풍속화를 이끈 대가로, 〈서당〉, 〈씨름〉 등을 그렸어요.
11 우리나라에서 행해지던 관례, 혼례, 상례, 제례 등을 이르는 말이에요.
13 왕이 왕족이나 공신 등에게 수여한 일정한 땅이에요.
14 한일 합방 조약에 앞장선 민족 반역자로, '매국노' 하면 떠오르는 인물이에요.

세로 열쇠

1 신민회, 흥사단을 조직해 애국 계몽 운동을 한 독립 운동가로, 호는 도산이에요.
2 산수화를 그릴 때 가까운 ○○, 중간인 중경, 멀리 있는 원경을 이용해요.
3 고구려 왕족으로, 보덕국의 왕이에요.
4 조선 시대에 퇴계 이황이 성리학을 이해하기 쉽게 10장의 그림으로 설명한 것이에요.
6 불교는 만인 구제를 내세우는 ○○ 불교와 개인 해탈을 중시하는 소승 불교로 나눠요.
8 동예는 같은 부족이 아닌 다른 부족과 혼인하는 ○○○ 풍습이 있었어요.
10 김옥균·박영효와 함께 갑신정변을 일으킨 주역이에요.
11 조선 시대에 각 도를 다스리는 지방 장관을 말해요.
12 통일 신라 시대에 지방 호족을 견제하기 위한 제도예요. ○○○제도.

	1		2		3		4
			5	6			
7	8						
					9	10	
11		12					
					13		
		14					

새로운 관광 명소, 청와대

우리나라 제20대 윤석열 대통령은 대통령 공약 1호로 청와대를 국민에게 돌려주겠다고 약속했어요. 일부 코스만 관람할 수 있었던 청와대가 74년 만에 완전히 개방되며 새로운 관광 명소가 되었어요.

청와대가 자리한 곳은 고려 문종이 신궁을 세운 곳이에요. 고려 숙종은 이곳으로 도읍을 옮기려고 궁궐까지 세웠지만 이루어지지는 않았어요. 이후에도 공민왕을 비롯한 고려의 여러 왕이 서울로 천도를 계획하기도 했어요.

조선을 건국한 태조 이성계는 경복궁을 세우고, 청와대 자리에 후원을 만들었어요. 조선의 여러 왕들은 이곳에서 공신들과 회의도 하고 연회도 즐겼지요. 그러다가 임진왜란이 일어나 경복궁은 폐허가 되고 말았어요. 고종은 약해진 왕권을 강화하기 위해 경복궁을 다시 세우며 후원도 새롭게 만들었어요.

하지만 일제가 조선을 강탈하며 여러 궁궐과 경복궁의 후원도 다시 파괴되고 말았어요. 특히 조선 총독부는 조선 통치 20주년을 기념하는 조선 박람회를 경복궁과 후원에서 개최하며 남아 있던 건물마저 대부분 철거했지요. 그러다가 1939년에 조선 총독 관사가 세워지면서 '경무대'라고 불리게 되었어요.

경무대는 일제가 패망한 이후 미군정 장관인 하지 중장이 사용하다가 1948년 8월 15일 대한민국 수립과 함께 이승만 대통령의 집무실과 관저가 되었어요. '청와대'라는 이름은 제2공화국의 윤보선 대통령이 경무대라는 이름이 주는 고압적인 이미지를 바꾸기 위해 붙인 이름이에요.

청와대에는 대통령이 집무와 외국 손님들을 접견하는 본관, 대규모 회의실인 영빈관, 의전 행사를 하는 상춘재, 대통령과 가족이 생활하는 대통령 관저, 청와대에서 가장 아름다운 곳으로 모두가 손꼽는 녹지원, 기자 회견장과 출입 기자들의 대기 공간인 춘추관 등이 있어요. 이 밖에도 경주 남산에 있던 미남상인 석조여래좌상, 오운정, 침류각 등 멋진 모습을 자랑하는 공간들이 많답니다.

팡팡 역사퍼즐

팡팡 역사퍼즐

정답과 해설

정답을 알아봐요!

문제 01

¹연	개	²소	문		³만	⁴상
려		정				정
실		⁵방	⁶정	환		고
기			안			금
술		⁷환	국		⁸궁	예
	⁹부			¹⁰냉		문
¹¹곤	여	만	국	전	도	

문제 02

¹노	량	²해	전			³정
산		동		⁴화	랑	도
군		성		백		전
	⁵황	국	협	회		
⁶청	산			⁷의	⁸금	부
	대				위	
⁹도	첩	제		¹⁰민	영	환

문제 03

¹족	²보		³현			⁴삼
	⁵국	자	감		⁶한	성
	안			⁷이		육
⁸신	민	회		⁹의	정	부
미			¹⁰천	민		
¹¹양	직	공	도		¹²간	
요			¹³교	정	도	감

문제 04

¹오	가	작	통	²법		³서
십				흥		경
총		⁴온	⁵조	왕		천
선			선		⁶소	도
⁷거	⁸중	기			수	
	추		⁹서	전	서	숙
¹⁰계	원	필	경		원	

문제 05

¹남	자	²현		³명	
한		량	⁴대	동	법
산		과		성	
⁵성	⁶골		⁷견	당	⁸선
	품		훤		덕
⁹나	제	동	맹		여
	도		¹⁰동	명	왕

문제 06

	¹천	산	²대	렵	도	
³향	리		마			
	장		⁴도	병	마	⁵사
	성			정		일
⁶벽		⁷북	벌		⁸왜	구
란		학				혁
⁹도	평	의	사	사		명

문제 07

¹군	²국	기	³무	처	
	선		령	⁴안	견
⁵김	생		⁶왕	산	악
	전				사
⁷마		⁸측		⁹홍	건	¹⁰적
립		¹¹우	산	국		군
¹²간	석	기		영		

문제 08

¹위	²화	도	회	군		³의
	엄			⁴송		상
⁵단	종		⁶이		시	
양		⁷태	종	무	열	⁸왕
적			무			인
⁹성	균	¹⁰관		¹¹논		
비		¹²창	씨	개	명	

정답을 알아봐요!

문제 09

	¹마	애	²삼	존	불	
³간	의		대			⁴구
	태		⁵목	⁶민	심	서
⁷의	자	왕		화		당
열			⁸당		⁹여	
¹⁰단	¹¹원		¹²백	강	전	투
	균		전		론	

문제 10

¹사	군	육	²진			
간		³한	⁴성	순	⁵보	
⁶원	⁷불	교	삼		장	
	국		⁸문	⁹무	왕	
¹⁰사	사	오	입		천	
대			¹¹삼		¹²향	
부		¹³제	물	포	조	약

문제 11

¹국	채	보	상	²운	동	
지				요		
³전	⁴시	과		⁵호	패	
	월					⁶유
	유			⁷홍	문	관
⁸수	신	⁹사		범		순
령		¹⁰화	통	도	감	

문제 12

¹일	본	군	²위	안	부	
진			만			
³회	령		⁴조	의	⁵제	문
			선		정	
⁶양		⁷망			일	
⁸명	학	소		⁹최	치	¹⁰원
학		¹¹이	시	영		님

문제 13

1 동	2 학	농	민	3 전	쟁	
	익			두		
4 황	진	이		5 환	6 곡	
국			7 붕		학	
8 신	사	9 임	당		아	
민		꺽		10 박	세	11 당
화		12 정	방			파

문제 14

1 삼	국	2 사	기			3 벽
	별		심		4 아		골
	초		5 관	수	관	급	제
				제		파	
6 사	출	도		7 천	8 주	교
헌			9 개		시	
10 부	관	참	시		11 경	당

문제 15

	1 을	지	문	2 덕		3 분
	밀			4 수	어	청
5 기	대	승		궁		사
사			6 천		7 토	기
8 환	두	9 대	도		월	
국		조		10 이	회	11 영
	12 장	영	실			조

문제 16

1 삼	일	운	동			3 정
천			4 문	화	5 통	치
6 리(이)	7 화		선		신	
	랑			8 삼	사	
	9 세	검	10 정			
11 석	기		12 조	선	책	략
총			종			

119

정답을 알아봐요!

문제 17

¹대	동	여	지	²도		³청
왕				⁴방	곡	령
⁵암	⁶행	어	⁷사			포
	주		육			
	산		⁸신	⁹탁	통	치
¹⁰알	성	¹¹시		지		
		전		¹²부	곡	

문제 18

¹진	주	²만		³명	경	⁴과
경		⁵적	폐			전
산				⁶팔	⁷조	법
⁸수	양	⁹대	군		선	
화		한			어	
		¹⁰제	암	리	학	살
¹¹혜	민	국			회	

문제 19

¹독	²서	삼	품	³과		⁴김
	옥			⁵거	칠	부
⁶박	제	⁷가				식
혁		⁸마	⁹오	쩌	둥	
거			경		¹⁰독	
¹¹세	¹²종		박		립	
	묘	¹³사	발	통	문	

문제 20

¹직	²지		³토		⁴윤	
	청		⁵지	산	동	
⁶의	천		조		⁷주	⁸자
방		⁹제	사			유
¹⁰유	리	왕			¹¹내	시
취		운		¹²진		참
	¹³기	벌	포			변

120

문제 21

¹신	라	²관		³대		⁴건
사		산		⁵제	생	원
유		⁶성	⁷리(이)	학		중
람			준		⁸어	보
⁹단	¹⁰발	령			영	
	해			¹¹임	청	각
¹²후	고	구	려			

문제 22

¹독	²도			³정		
	화		⁴난	중	일	⁵기
⁶상	서	성		부		기
평		⁷광		⁸사		창
⁹통	리	¹⁰기	무	아	문	
보		황			난	
	¹¹태	후		¹²맥	적	

문제 23

¹신	라	²방			³낙	
사		납			성	
참			⁴탄	⁵금	대	
⁶배	⁷중	손		난		⁸청
	계			⁹전	태	일
	¹⁰무	신	¹¹정	권		전
¹²군	역		선			쟁

문제 24

¹아	우	내		²동	모	³산
직			⁴발			미
⁵기	⁶해	박	해			증
	방			⁷조	만	식
⁸카		⁹압		선		계
¹⁰이	용	구		은		획
로		¹¹정	동	행	성	

정답을 알아봐요!

문제 25

¹한	국	²전	쟁		³징	용
호		주			비	
		화		⁴상	록	⁵수
⁶기	⁷유	약	⁸조			산
	성		헌		⁹백	제
¹⁰황	룡	¹¹사			운	
희		¹²비	파	형	동	검

문제 26

¹고	분	벽	²화			
조		³포	츠	⁴머	스	
⁵선	혜	⁶청			슴	
		⁷해	인	⁸사		⁹김
¹⁰김	좌	진		¹¹미	륵	사
원			¹²중	인		미
¹³봉	수	대		곡		

문제 27

	¹조	선	상	²고	사	
	광			선		
³도	조	법		지		
끼			⁴세		⁵한	양
⁶상	감	⁷청	자		성	
소		나			⁸정	철
	⁹탐	라	총	관	부	

문제 28

¹훈	민	²정	음		³이	⁴이
		약				양
⁵홍	대	용		⁶삼	팔	선
익				전		
⁷인	왕	⁸제	색	도		⁹어
간		술		¹⁰비	¹¹변	사
		과			한	

문제 29

¹유	월	²민	주	³항	쟁	
형		며		미		⁴석
원		느		원		굴
		리		⁵조	⁶봉	암
⁷연	통	제			오	
산			⁸세	형	동	검
군		⁹혜	초			

문제 30

¹동	양	²평	화	론		³삼
녕		양				군
⁴부	⁵소	성		⁶총	⁷독	부
	현				립	
	세		⁸거	북	선	
⁹병	자	¹⁰호	란		언	
참		질			¹¹서	당

문제 31

¹임	시	²정	부		³장	⁴시
		유				월
⁵이	상	재		⁶후	⁷백	제
순		란			두	
⁸신	⁹라(나)		¹⁰고	산	¹¹자	
	혜		경		격	
¹²신	석	기	혁	명	루	

문제 32

¹홍	길	²동	전		³파	
		의		⁴사	직	⁵단
		⁶보	부	상		오
	⁷영	감		의		
	선		⁸북	학	⁹파	
¹⁰추	사		인		한	
			¹¹움	집		

정답을 알아봐요!

문제 33

¹광	개	토	²대	왕		³훈
혜			한		⁴대	련
원			⁵민	란		도
	⁶목	⁷지	국		⁸상	감
		행			평	
		합		⁹의	창	
	¹⁰한	일	합	병		

문제 34

¹고	²인	돌		³다	⁴보	탑
	조				안	
	반		⁵얄	타	회	⁶담
⁷칠	정	산				징
지			⁸혼		⁹첨	
¹⁰도	¹¹선		천		¹²성	왕
	¹³조	선	의	용	대	

문제 35

¹장	군	총			²김	
보				³훈	구	파
⁴고	려	⁵사	절	요		
		노		십		⁶중
⁷척	화	비		⁸조	계	종
사			⁹이			반
¹⁰파	천		¹¹황	구	첨	정

문제 36

¹소	배	압			²미	
서			³객		쓰	
⁴노	⁵국	공	주		⁶야	사
	내				협	
⁷여	진		⁸무	구	정	⁹광
	¹⁰공	민	왕			해
			¹¹별	기	군	

124

문제 37

¹금	²속	활	자		³서
	장		⁴동	문	학
⁵서	경	⁶덕	도		
		⁷혜	민	서	
⁸보		옹	⁹기	정	¹⁰진
¹¹신	숙	주	론		흥
각				¹²상	왕

문제 38

¹영	²남	만	인	소	
	주			³상	
⁴원	각	사	⁵오	소	⁶경
납		변			인
⁷전	⁸주		⁹최	무	선
	¹⁰세	금		제	
	봉		¹¹우	록	

문제 39

¹집	강	소		²탐	
현		³탈	라	⁴스	
⁵전	⁶봉	준		탈	
	수		⁷어	린	⁸이
⁹채	제	공			상
홍		¹⁰역	옹	¹¹패	설
¹²사	액	서	원	관	

문제 40

¹육	두	²품		³허	준
의		⁴계	유	정	난
전				⁵설	화
	⁶한		⁷오	죽	헌
	⁸강	화	도		⁹빗
¹⁰내		¹¹양	민	학	살
¹²세	속	오	계		

정답을 알아봐요!

문제 41

¹용	비	어	²천	가		
상			마		³남	⁴이
	⁵우	정	총	국		차
	금				⁶신	돈
⁷유	치	⁸환			윤	
엔		구		⁹광	복	¹⁰군
군		단		작		장

문제 42

	¹팔	²만	대	³장	경	
		세		지		⁴귀
	⁵이	규	보		⁶연	⁷해	주
	인					미	
⁸직	⁹전	법			¹⁰읍	루
	형		¹¹매	¹²소	성	
	필			론		

문제 43

¹동	²양	척	³식		⁴하	멜
	만		⁵민	무	늬	
⁶김	춘	⁷추		바		
		축		⁸유	람	⁹단
¹⁰남	북	국		신		군
로			¹¹가	체		왕
¹²당	나	라		제		검

문제 44

	¹풍	수	²지	리	³설	
⁴공	납		석		총	
	토		⁵영	⁶락(낙)		
⁷이	성	계		화		⁸평
봉				⁹암	각	화
¹⁰창	¹¹경	궁				회
	주		¹²삼	상	회	의

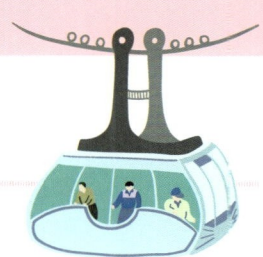

문제 45

¹안	중	²근		³안	시	⁴성
창		⁵경	⁶대	승		학
⁷호	⁸족		승			십
	외			⁹김	¹⁰홍	도
¹¹관	혼	¹²상	제		영	
찰		수		¹³식	읍	
사		¹⁴리(이)	완	용		

팡팡 역사퍼즐

초판 1쇄 발행 2022년 11월 1일

글쓴이 홍은아
펴낸이 황정임
총괄본부장 김영숙 | **마케팅** 이수빈, 고예찬 | **경영지원** 손향숙

펴낸곳 파란등대
주소 경기도 파주시 심학산로 628, 814호
전화 (031)942-5379 | **팩스** (031)942-5378
홈페이지 yellowpig.co.kr | **인스타그램** @bluelighthouse_pub
등록번호 제2021-000038호 | **등록일자** 2021년 3월 22일

ISBN 979-11-92277-07-3 73910

* 이 책의 그림과 글의 일부 또는 전부를 재사용하려면 반드시 파란등대의 동의를 얻어야 합니다.
* 값은 표지 뒷면에 있습니다.
* 책 모서리가 날카로우니 던지거나 떨어뜨리지 마세요.

파란등대는 널따란 바다에서 길을 찾게 도와주는, 지식의 길잡이와 같은 책을 펴냅니다.